von Koerber / Hohler

Nachhaltig genießen

Rezeptbuch für unsere Zukunft

Dr. oec. troph. Karl von Koerber ist Leiter der Arbeitsgruppe »Nachhaltige Ernährung« an der Technischen Universität München. In München leitet er außerdem das »Beratungsbüro für Ernährungs-Ökologie«. Er hält Vorträge und Fortbildungen für Wissenschaftler, Multiplikatoren und Laien zu Nachhaltigkeit und Ernährung, Ernährungsökologie, Klimaschutz, Welternährung, Bio-Lebensmitteln usw. Er ist Autor zahlreicher Bücher sowie Zeitschriftenartikel und berät Firmen, Verbände, Kliniken und Politik. Näheres: www.bfeoe.de

Hubert Hohler ist Chefkoch an der Klinik Buchinger am Bodensee in Überlingen und verwöhnt die Gäste dort mit leckeren Vollwertgerichten. Außerdem ist er Vorsitzender von Slow-Food Bodensee und gehört dem Netzwerk der BioMentoren an, das von der UNESCO als offizielles Projekt der UN-Weltdekade »Bildung für nachhaltige Entwicklung« ausgezeichnet wurde. Näheres: www.buchinger.com

Wir bedanken uns bei Andreas Beier, Birgit Widhopf, Verena Kleindienst, Dr. Markus Keller, Dr. Mathias Schwarz, Dr. Anita Idel, Maike Nestle, Carmen Hübner, Thomas Schwab, Norbert Schwab, Kuno Kübler, Rosemarie Hartmann, Gunhild Schwerdtfeger und Dorothea Heimes-Grobbel für die hilfreiche Unterstützung und wertvolle Anregungen.
Wir danken den Köchen Markus Keller, Paul Rehberger und Hubert Neidhart für die Unterstützung bei den Fleisch- und Fischrezepten sowie Birgitt Ettl, Jana Heller und dem Köcheteam der Klinik Buchinger für ihre Hilfe bei der Erstellung der Rezepte und deren Berechnung.

Dr. Karl von Koerber
Hubert Hohler

Nachhaltig genießen
Rezeptbuch für unsere Zukunft

Öko-Landbau
Vitamin E
4mg in
500g
Eisen
Magnesium
Folsäure
2,3 m^2/1000kcal
GEFLÜGEL
9 m^2/1000kcal
Milch
artgerecht
fair
Fleischkonsum
vermindern
Soziales
Miteinander

Geleitwort von Karl-Ludwig Schweisfurth

Essen ist unser Schicksal

Essen ist schicksalhaft
für unser Leben, für unsere Lebensfreude,
für Gesundheit und Wohlbefinden,
je nachdem,
ob wir lebensfördernde Lebens-Mittel
oder billige Nahrungsmittel essen.

Essen ist schicksalhaft
für unsere Erde, für den Boden,
von dem wir leben und der uns ernährt,
je nachdem,
ob wir achtsam oder zerstörerisch
mit der Natur umgehen.

Schicksal muss nicht unabwendbar sein.
Wir können unser Schicksal
selbst in die Hand nehmen.
Wir können das wissenschaftlich-technische
System unserer Landwirtschaft und
unserer Lebensmittelproduktion,
das wir in den letzten fünfzig Jahren eingerichtet haben
und das uns jetzt seine Grenzen und Gefahren zeigt,
auch wieder ändern.

Immer mehr Menschen
essen immer mehr Tiere.
Die Tiere der Reichen
fressen das Brot/Getreide der Armen,
überall auf der Welt.
Gemeinsam mit den Tieren
fressen wir die Erde kahl.

Wir brauchen ein neues Verständnis
im Umgang mit Tieren und Fleisch,
sonst werden wir keines
der Probleme in der Welt lösen,
den Hunger und die Armut nicht,
die Klimaerwärmung nicht,
die Existenzgefährdung vieler Bauern nicht,
die Gesundheitsprobleme nicht …

Wer mit
Boden, Pflanzen und Tieren umgeht und
Lebens-Mittel für Menschen erzeugt,
trägt hohe Verantwortung.
Wir brauchen ethische Grundwerte,
die uns sagen, was wir tun müssen und
was wir nicht tun dürfen.
Sonst sind wir
ohne Orientierung.

Karl Ludwig Schweisfurth

Gründer der Schweisfurth-Stiftung
Gründer der Herrmannsdorfer Landwerkstätten
Gründer der Versuchsanstalt
für Symbiotische Landwirtschaft

Liebe Leserinnen und Leser!

Ich freue mich, Sie mit diesem Buch auf die spannende Reise in die Nachhaltigkeit begleiten zu können. Das Buch soll Ihnen den Start in diese Richtung erleichtern und Lust machen auf mehr – wenn Sie nicht ohnehin schon dabei sind. Es enthält viele Hintergrundinformationen und nützliche Hinweise und natürlich Hubert Hohlers leckere Rezepte: Mit allem zusammen können Sie mehr Nachhaltigkeit in Ihren Alltag bringen.

Ich bin Wissenschaftler und meinte zunächst, die theoretischen Erklärungen am Anfang (und auch am Ende) des Buches reichen als Einstieg, aber der Verlag sah das anders: »Herr von Koerber, die Leserinnen und Leser wollen doch auch etwas über Sie persönlich erfahren!« Die Idee, meinen gewissermaßen »nachhaltigen Werdegang« zu erzählen, sprach mich dann doch an. Und so kamen an einem wunderbar spätsommerlichen Septembertag zwei Redakteurinnen des TRIAS Verlags zum Gespräch vorbei …

Kerstin Mendler, Julia Reichmann (TRIAS): Herr von Koerber, Sie gehören vermutlich zu den »nachhaltigsten« Menschen in Deutschland. Wie sind Sie denn eigentlich zur Ernährung und zur Nachhaltigkeit gekommen?

Dr. Karl von Koerber (KvK): Wenn ich mir das überlege, dann lebte ich schon weitgehend nachhaltig, als der Begriff noch nicht in aller Munde war. Den Grundstein legten meine Eltern: Sie hatten einen eigenen Garten, den sie biologisch bewirtschafteten, und sie kauften auch sonst Bio-Lebensmittel ein – was vor 40 Jahren nicht leicht und alles andere als selbstverständlich war.

TRIAS: Vom biologischen Garten zur Nachhaltigkeit ist es aber doch noch ein weiter Weg …

KvK: Stimmt. Bei mir gab es dafür auch eine wichtige Schlüsselerfahrung. Als ich 16 Jahre alt war, erkrankte meine Mutter an Krebs. Sie kam zunächst zur Operation in eine Uniklinik, aber die Behandlung danach half ihr nicht befriedigend weiter. Eine Freundin gab ihr den Rat, zusätzlich in eine Klinik für Naturheilverfahren und Ganzheitsmedizin zu gehen.
Der dortige Chefarzt Dr. Max-Otto Bruker war auch einer der Vorreiter der Vollwerternährung und gleichzeitig Umweltaktivist. Für ihn war Ernährung eine wichtige Säule der Krebstherapie – und unter der Kombination von universitärer und naturheilkundlicher Behandlung verbesserte sich der Zustand meiner Mutter zusehends. Sie kam wieder zu Kräften und lebte noch eine Reihe von Jahren in Gesundheit. Als Jugendlicher hat es mich außerdem geprägt, in den 1970er-Jahren mit meinen Eltern und Geschwistern zusammen auf Anti-Atomkraft-Demos zu fahren! Gemeinsam setzten wir uns bei der Stadt Marburg dafür ein, eine der ersten Solaranlagen auf das Dach unseres Elternhauses bauen zu dürfen – damals keine einfache Sache, heute wird es dagegen staatlich gefördert.

TRIAS: Sie sagten ja, Ihre Eltern gaben Ihnen die entscheidenden Impulse für Ihr Leben – welche Rolle spielte Ihr Vater?

KvK: Eine sehr wichtige. Mein Vater kam aus der Landwirtschaft und war später im Bereich der Wirtschafts- und Sozialwissenschaften an den Universitäten in Gießen und Marburg tätig. Fragen, mit denen er sich beschäftigte, waren beispielsweise, wie man die Ost-West-Beziehungen und auch die Weltwirtschaft besser gestalten könnte oder wie alle Menschen auf der Welt ein gerechteres Einkommen und etwas zu essen haben könnten. Für ihn war soziale Gerechtigkeit ein großes Anliegen. Seine letzte Veröffentlichung beeindruckte mich besonders, sie hieß »Was ist sozial?«.

Er stellte unbequeme Fragen: etwa, ob die Menschen in reichen Industrieländern auf Kosten der Menschen in Entwicklungsländern leben? Oder wie die globalen Warenströme verlaufen und wer woran was verdient? Mit all diesen ökonomischen und sozialen Fragen meines Vaters – aber auch mit den gesundheitlichen und ökologischen Themen meiner Mutter – kam ich schon sehr frühzeitig in Kontakt.

TRIAS: Das klingt ja spannend. Wie ging es dann nach der Schulzeit weiter?

KvK: Als ich mich beruflich orientierte, hörte ich vom Studiengang »Ernährungswissenschaft«. Das war ein Aha-Erlebnis für mich. Ich entschied mich für die Uni Gießen. Noch vor Beginn meines Studiums machte ich ein Praktikum auf einem Bio-Bauernhof, später in der Küche eines Naturheilsanatoriums mit eigener ökologischer Gärtnerei.

TRIAS: Wie hat sich die Anfangsfaszination für die Ernährungswissenschaft dann weiterentwickelt?

KvK: Ehrlich gesagt, stellte sich schnell Ernüchterung ein. Denn es ging an der Uni hauptsächlich um Vitamine und Stoffwechsel, um Verarbeitungstechnologien in der Lebensmittelindustrie, um Düngemitteloptimierung und um Krankheitsentstehung usw. Aber beispielsweise Umweltfragen, soziale bzw. ethische Aspekte bei der Lebensmittelerzeugung, biologische Landwirtschaft oder ganzheitliche Ansätze der Ernährung wurden nicht behandelt. Stellen Sie sich das mal vor: Da komme ich als junger Mensch voller Fragen und Ideen an die Uni und hatte erste Vorstellungen darüber, wo und warum es vielleicht klemmt auf der Welt – und bekomme keine befriedigenden Antworten …

TRIAS: Das war bestimmt ziemlich schwierig. Gab es denn gar keine Mitstreiter?

KvK: Doch, im zweiten Semester lernte ich Thomas Männle kennen, unsere Verbundenheit und das An-einem-Strang-Ziehen dauern inzwischen schon fast vier Jahrzehnte … Nach und nach kamen weitere gleichgesinnte Studierende hinzu. Mit diesen gründeten wir den Arbeitskreis »Alternative Ernährung«. Das war der entscheidende Punkt, um mit unseren Fragen und Interessen weiterzukommen.

TRIAS: Was genau war die Aufgabe dieses Arbeitskreises?

KvK: Wir haben dort die Inhalte erarbeitet, die wir an der Uni vermissten – er war also eine Art Selbsthilfegruppe. Wenn ich daran zurückdenke, gerate ich richtig ins Schwärmen … Wir beschäftigten uns mit unterschiedlichsten alternativen Formen der Ernährung, von Vegetarismus bis zur Ernährung nach der chinesischen Medizin. Wir luden auch Expertinnen oder Experten ein und diskutierten über deren Ansätze.

TRIAS: Das klingt ziemlich theoretisch …

KvK: Nein, die Theorie war die eine Seite, aber wir kochten auch immer entsprechend den jeweiligen Empfehlungen. Bio-Läden gab es damals noch nicht, man musste pfiffig sein, um die nötigen Zutaten zu bekommen. So riefen wir die erste FoodCoop Gießens ins Leben und kauften direkt bei Bio-Bauern oder Bio-Firmen ein. In meinem Studentenzimmer unterm Bett lagerte zum Beispiel ein Sack Getreide, bei Thomas Nüsse und Nussmus. Und nach dem gegenseitigen Informieren und Diskutieren verspeisten wir genüsslich die selbst zubereiteten Gerichte. Können Sie sich eine schönere Verbindung von Denken und Tun vorstellen?

TRIAS: Das hört sich toll an! Und gingen Sie denn auch nach außen in die Praxis?

KvK: Ja, wir besuchten beispielsweise Kliniken, Firmen oder Höfe im ökologischen Bereich. Am meisten ans Herz wuchs uns die Vollwerternährung nach Prof. Dr. Werner Kollath, die aktuell von Dr. Bruker vertreten wurde. Thomas Männle und ich machten zusammen ein Praktikum bei ihm, in der Küche und in der Ernährungsberatung.

TRIAS: Das klingt so, als wäre die Uni bei Ihrem Werdegang weniger wichtig?

KvK: Das hätte so kommen können, wenn nicht in dieser Zeit Herr Dr. Claus Leitzmann als wissenschaftlicher Mitarbeiter an die Uni Gießen gekommen wäre. Sein Fach hieß »Ernährung in Entwicklungsländern«.

TRIAS: Aha, die soziale Gerechtigkeit kommt wieder ins Spiel …

KvK: Genau. Herrn Leitzmann lernte ich näher kennen, als ich an einer von ihm geleiteten Stoffwechselstudie als Versuchsperson teilnahm. Dort berichtete ich über die frischen Erlebnisse meines Praktikums – und Herr Leitzmann interessierte sich für diese ganzheitlichen Ansätze. Unsere Diskussionen mündeten in einem Besuch mit Thomas Männle bei Dr. Bruker in Lahnstein zum Gedankenaustausch.

TRIAS: Mit Herrn Männle und Herrn Leitzmann haben Sie ja auch ein Buch zum Thema »Vollwert-Ernährung« geschrieben, richtig?

KvK: Ja. Im weiteren Verlauf ergaben sich zunächst unsere Diplomarbeiten, die Herr Leitzmann betreute. Nach deren Abschluss wollten wir sie in überarbeiteter Form veröffentlichen – und er war bereit, dieses Buch als Autor mitzutragen. Wir wollten Brückenbauer sein zwischen den naturheilkundlichen Ansätzen und der etablierten Ernährungswissenschaft.

TRIAS: Ihr Buch im Haug-Verlag erschien inzwischen in elf Auflagen. Sie gehören damit zu den Pionieren der Vollwert-Ernährung …

KvK: Na ja, ich denke schon, es ist über die drei Jahrzehnte ein Standardwerk geworden, zumal wir auch die Ansprüche nach Umwelt- und Sozialverträglichkeit einbezogen. Aber es stieß auch nicht überall auf Anerkennung. Aus dem Bereich der Ernährungswissenschaft kamen Ermahnungen: »Bleiben Sie doch bei der Ernährung und verbreiten Sie keine Ideologie und Weltanschauung!« Ganz anders war es bei Studierenden, Ernährungsberaterinnen, Ärzten, Lehrerinnen oder Kursleitern.

TRIAS: Was wurde denn während dieser Zeit eigentlich aus dem studentischen Arbeitskreis in Gießen?

KvK: In Gießen hatten sich über die Jahre weitere AKs gebildet. Das Verlangen der Studierenden, mehr über die Vernetzungen von ökologischen, sozialen und ökonomischen Aspekten im Lehrangebot zu erfahren, wuchs weiter. Es wechselten auch Studierende von anderen Universitäten nach Gießen, da sich unsere Aktivitäten inzwischen herumgesprochen hatten.

TRIAS: Und wurden die Erwartungen dieser Studenten erfüllt?

KvK: Die studentische Forderung war mittlerweile die Einrichtung einer eigenständigen Professur. Herr Leitzmann, seit einigen Jahren Professor, unterstützte dies maßgeblich und prägte für das neue Fachgebiet den Begriff »Ernährungsökologie«. Die Universität und die hessische Landesregierung befürworteten schließlich eine neue Professur.

TRIAS: Und alles war in Butter …

KvK: Leider nicht. Die politische Wende in Deutschland war zwar ein großartiges Ereignis, aber für uns brachte sie zunächst einen herben Rückschlag. 1989 wurde entschieden, alle freien Wissenschafts-Mittel an ostdeutsche Universitäten umzuleiten – für unsere Professur bedeutete dies das Aus in letzter Minute.

TRIAS: Wie ging es dann weiter, was haben Sie gemacht?

KvK: Wir erzielten immerhin einen Teilerfolg, denn die neu gegründete Arbeitsgruppe Ernährungsökologie um Prof. Leitzmann bekam eine zusätzliche halbe Stelle für einen wissenschaftlichen Mitarbeiter. Diese wurde nach der Promotion meine erste Stelle für rund neun Jahre und ich kümmerte mich sehr um den Aufbau.

TRIAS: Inzwischen sind Sie ja von München aus in Sachen Nachhaltigkeit tätig – wie kam es dazu?

KvK: Im Jahr 1997 wechselte ich in den Süden und auch dort gab es Aufbauarbeit zu leisten. Ich gründete zunächst das »Beratungsbüro für ErnährungsÖkologie« und hielt im deutschsprachigen Raum zahlreiche Vorträge für Mittlerpersonen, führte an diversen Hochschulen Lehraufträge durch, schrieb Fachartikel, machte Beratungen für Firmen und Verbände.

TRIAS: Sie arbeiten aber inzwischen auch wieder an einer Universität.

KvK: Ja, von der Technischen Universität München/Weihenstephan wurde ich bald zu einem Vortrag über Ernährungsökologie eingeladen, der große Resonanz auslöste. Nach 13 Jahren kontinuierlichem Einsatz mit engagierter Unterstützung von Studierenden und Professoren konnte ich ein Lehrangebot etablieren, das sich eines stark wachsenden Zuspruchs verschiedener Studiengänge erfreut. Seit drei Jahren bauen wir eine feste Arbeitsgruppe »Nachhaltige Ernährung« auf, die bisher über eingeworbene Spendengelder von Stiftungen, Unternehmen und Verbänden finanziert wird. Immer mehr Studierende möchten auch ihre Bachelor- oder Masterarbeit bei uns schreiben – wir können der enormen Nachfrage gar nicht mehr gerecht werden.

TRIAS: Und wirken Sie auch nach außen in Wirtschaft, Bildung oder Politik?

KvK: Klar, heute ist »Nachhaltigkeit« ja kein Thema einiger weniger mehr, sondern ist Leitbild der Politik geworden und auch in den Lebensmittelregalen angekommen. Die Probleme weltweit sind so groß geworden, dass sie nur durch vernetztes Denken und generationenübergreifendes, globales Handeln gelöst werden können. So nehmen die Anfragen für Fortbildungen und Vorträge außerhalb der TU immer mehr zu – besonders weil innerhalb der laufenden UN-Dekade »Bildung für nachhaltige Entwicklung« im Jahr 2012 das Schwerpunktthema »Nachhaltige Ernährung« ist! Hierbei sind wir an zahlreichen Bildungsprogrammen an Schulen, Volkshochschulen, Umweltzentren usw. sowie an übergreifenden Kampagnen beteiligt.

TRIAS: Wie schaffen Sie es denn persönlich, Ihr Leben in Richtung mehr Nachhaltigkeit zu gestalten?

KvK: Oh, da fällt mir einiges ein. Ich habe noch nie ein eigenes Auto besessen – das Auto unserer früheren Wohngemeinschaft haben wir schon vor über 20 Jahren abgeschafft. Stattdessen fahre ich mit Bahn und Bus oder mit dem Fahrrad. Manchmal fahre ich sogar die 40 km nach Freising zur Arbeit – mit einem neuen phantastischen Elektro-Rad. Außerdem erzeuge ich meinen Öko-Strom selber, indem ich mich an Wind- und Solaranlagen finanziell beteilige. Und im Bereich Ernährung setze ich natürlich die von uns aufgestellten Grundsätze um, von dem in diesem Buch mehr zu erfahren ist.

TRIAS: Und wir sitzen hier offenbar in ganz besonderen Räumen …

KvK: Ja, schließlich habe ich mich noch um einen weiteren wichtigen Bereich gekümmert, nämlich ums Wohnen. So bin ich ganz bewusst in das neue Genossenschafts-Wohnprojekt »wagnis« im Münchener Osten umgezogen, das ebenfalls den Anspruch der Nachhaltigkeit verfolgt. Die Häuser sind nach Niedrigenergie- bzw. Passivhaus-Standard gebaut, wir haben eine tolle Wärmedämmung, Solaranlagen auf dem Dach, Öko-Strom und Wärmepumpen. Und hier wohnen Jung und Alt, Familien und Singles, Behinderte und Nicht-Behinderte, Menschen verschiedenster Herkunft und Nationen zusammen – mit vielen Gemeinschaftsräumen für ganz unterschiedliche Zwecke und alles in selbstbestimmten, gutnachbarlichen Strukturen.

TRIAS: Zurück zu unserem Buch: Als der Verlag die Idee an Sie herantrug, diesen Ratgeber gemeinsam mit Herrn Hohler zu schreiben, sagten Sie, dass Sie sich gut kennen – woher?

KvK: Ich wusste von der Klinik Buchinger, dass dort unsere Gießener Ernährungskonzeption praktiziert wird. Seit einer Fastenerfahrung, in der auch mein Entschluss reifte, nach München zu wechseln, wurde ich immer wieder als Referent für Ernährungs-Vorträge für die Gäste des Hauses eingeladen. Außerdem halte ich Fortbildungen für die Mitarbeiterinnen und Mitarbeiter, u. a. auch für den Chefkoch Hubert Hohler und sein Team. Er ist der Praktiker von uns beiden – deswegen sind die Rezepte in diesem Buch natürlich von ihm.

TRIAS: Wir finden es toll, dass Sie hier im Grunde genau dasselbe machen wie damals im Arbeitskreis an der Uni Gießen: Sie verbinden Theoretisches mit Praktischem und motivieren andere dazu, dies auch zu tun.

KvK: Ja, mit Kulinarischem! Hubert Hohler und mir liegt sehr viel daran zu verdeutlichen, dass sich Nachhaltigkeit und Genuss nicht ausschließen. Nachhaltigkeit heißt auch wahre und andauernde Lebensfreude – und im Ernährungsbereich auch Koch-Kultur. Und wenn es uns gelingt, bei unseren Leserinnen und Lesern die Lust auf Nachhaltigkeit zu wecken, die oft bei Studierenden oder Teilnehmenden an Vorträgen bzw. Lehrküchen zu erleben ist, dann würden wir uns freuen!

TRIAS: Bei aller Lust – Sie sind auch ein sehr gewissenhafter Mensch, und die Nachvollziehbarkeit der fachlichen Aussagen ist Ihnen sehr wichtig.

KvK: Ja. Beim Lesen wird sicherlich auffallen, dass der Theorieteil Fußnoten mit Quellenangaben enthält. Aus gutem Grund: Bei der Nachhaltigkeit geht es auch um einen fairen Umgang. Für mich als Wissenschaftler ist es daher selbstverständlich, die Menschen bzw. Institutionen zu nennen, auf deren Studien wir uns beziehen. Ein Stück Nachhaltigkeit im Buch, könnte man sagen …

Allen Leserinnen und Lesern wünsche ich nun viel Freude beim Lesen der folgenden Einführung und der vertiefenden Hintergrundinformationen am Ende des Buches – und natürlich beim praktischen Zubereiten und Genießen der »nachhaltig« ausgetüftelten und schmackhaften Rezepte von Hubert Hohler!

Karl von Koerber

Liebe Leserinnen und Leser,

»Nachhaltig genießen« – ich freue mich sehr über den Titel unseres Buches. Warum? Weil er deutlich macht, dass sich bewusste, nachhaltige Ernährung und Genuss nicht ausschließen, sondern im Gegenteil hervorragend zusammenpassen. Ich lebe diesen Gedanken bei meiner täglichen Arbeit in der Küche und finde es toll, dass ich ihn durch meine Rezepte in diesem Buch mit Ihnen teilen kann.

Schon in meiner frühen Schulzeit hatte ich den Wunsch, später einmal Koch zu werden. Ich musste viel auf unserem Gemüsefeld mithelfen und ab der 5. Klasse war es meine Aufgabe, unseren Spargelacker zu pflegen und abzuernten – frühmorgens, noch vor der Schule. Das hat mir natürlich nicht immer Freude bereitet … Aber ich bekam dadurch einen Bezug zu unseren frisch angebauten Lebensmitteln. Das Interesse daran, was man mit dem leckeren Gemüse zaubern konnte, wuchs immer mehr. Das ging dann zum Verdruss meiner Eltern so weit, dass ich den Entschluss fasste, dass man als Koch kein Abi braucht, und ich nach der 10. Klasse mit gerade mal 15 Jahren meine Ausbildung zum Koch begann.

Bei meiner Meisterprüfung 1985 stellte ich einen Strudelteig aus Vollkorn her – in der feinen Küche ein absolutes »no go«, das mich fast meinen Meisterbrief gekostet hätte. Sie sehen also: Schon damals galt mein Interesse der gesunden Ernährung. Das hat auch damit zu tun, dass mein Vater bis Mitte 40 bereits zwei Herzinfarkte hatte. Auch ich selbst litt durch meine Ess- und Kochgewohnheiten an diversen Problemen: Das Gewicht war ebenso zu hoch wie mein Blutdruck und der Cholesterinspiegel. Nach den Erfahrungen mit meinem Vater setzte allmählich ein Umdenken ein, der gesundheitliche Hintergrund beim Kochen wurde noch wichtiger für mich. Nach der bestandenen Meisterprüfung folgten daher Zusatzausbildungen zum diätetisch geschulten Koch und zum Gourmetkoch für Vollwert-Ernährung.

Seit 1997 bin ich als Küchenchef in der Klinik Buchinger am Bodensee tätig. Der Gedanke, gesunde Lebensmittel zu verwenden, die fair gehandelt sind, und diese so zuzubereiten, dass Ressourcen geschont werden, begleitet mich bei meiner täglichen Arbeit. Mit meinen Gerichten möchte ich zeigen, dass sich Gesundheit und Genuss nicht ausschließen, sondern Hand in Hand gehen. Meine Küche ist international geprägt – ich lasse mich von mediterranen Gerichten ebenso inspirieren wie von asiatischen oder orientalischen. Die Bedingung: Die Lebensmittel, die ich verwende, sind 100% biologisch und saisonal. Industriell gefertigte Produkte kommen mir nicht in die Töpfe.

Besonders am Herzen liegt mir seit einigen Jahren die Vereinigung Slow Food®. Slow Food® ist eine weltweite gemeinnützige Vereinigung, deren Anliegen es ist, die Kultur des Essens und Trinkens zu pflegen und lebendig zu halten. In Deutschland gibt es inzwischen über 60 lokale Slow Food®-Gruppen – eine davon seit 2007 unter meiner Leitung am Bodensee. Unser Credo lautet: »Bewahrt den Genuss, die Artenvielfalt und den naturbelassenen guten Geschmack!« Wir unterstützen eine verantwortliche, artgerechte Landwirtschaft und Fischerei sowie das traditionelle Lebensmittelhandwerk. Deshalb ist es uns auch besonders wichtig, Produzenten, Händler und Verbraucher miteinander in Kontakt zu bringen und den Dialog zu fördern. Es ist wichtig, dass die Menschen wissen, woher ihre Nahrungsmittel kommen, wie sie verarbeitet werden und wie man gute und frische Lebensmittel erkennt. Nachhaltigkeit spielt hierbei natürlich eine wichtige Rolle.

Neben meiner Tätigkeit bei Slow Food® bin ich seit 2009 Mitglied der BioMentoren. Die BioMentoren sind ein Netzwerk aus Gastronomen, Betriebsleitern, Küchenchefs und Einkäufern. Unsere Betriebe haben das Bio-Zertifikat und legen Wert auf Produkte aus artgerechter Tierhaltung, fairem Handel und nachhaltiger Fischerei. Kürzlich wurde das Projekt von der UNESCO als offizielles Projekt der UN-Weltdekade »Bildung für nachhaltige Entwicklung« ausgezeichnet – das macht uns natürlich besonders stolz und zeigt, dass wir auf einem guten Weg sind und unsere Botschaft ankommt.

Als Frau Spieldiener vom TRIAS-Verlag mit der Idee für ein nachhaltiges Kochbuch auf mich zukam, war ich sofort begeistert. Vor allem, als ich hörte, wen sie für den Theorieteil als Autor vorgesehen hatte. Mit Karl von Koerber verbindet mich eine langjährige Freundschaft. Oft durfte ich ihn bereits für Seminare – oder auch zum Fasten – bei uns am Bodensee begrüßen.

Nun wünsche ich Ihnen viel Freude und gutes Gelingen beim Ausprobieren meiner Rezepte. Mein Ziel war es, Ihnen Rezepte vorzustellen, die gesund und schmackhaft sind – und vor allem unkompliziert zum Nachkochen.

Ihr Hubert Hohler

Warum es sich lohnt, nachhaltig zu essen

Stehen Sie auch öfter vorm Lebensmittelregal und wissen nicht, was Sie noch bedenkenlos kaufen können? Sie wollen gerne bewusster einkaufen, sich nachhaltig ernähren, fühlen sich aber noch unsicher? Warum Bio eine Alternative ist und wie Sie eine nachhaltige Ernährung umsetzen, ohne die Lust am Essen zu kurz kommen zu lassen, erfahren Sie hier.

Die vier Dimensionen der Nachhaltigkeit beim Essen

Würden wir heutzutage noch so essen wie unsere Großeltern, würden die Tiere in der Landwirtschaft sicherlich artgerechter gehalten. Fleisch, Fisch und Eier wären keine tägliche Selbstverständlichkeit, sondern seltener Luxus. Damals kam nur sonntags ein Braten auf den Tisch. Kuchen mit viel Ei gab es nur am Wochenende. Gemüse und Obst wurde entweder im eigenen Garten angebaut oder stammte aus der Region.

Niemand hätte es früher für möglich gehalten, dass man irgendwann einmal das ganze Jahr über billige Tomaten aus Südeuropa kaufen könnte. Die Tomaten werden teilweise von afrikanischen Immigranten unter fragwürdigen Arbeitsbedingungen angebaut und geerntet. Der Anbau der Tomaten in riesigen Plantagen verbraucht so viel Wasser, dass das Grundwasser dort stark zurückgeht und es zu Wassermangel kommt.

Wir essen heutzutage Nahrungsmittel, deren Geschichte wir selten kennen: Häufig wissen wir wenig über ihre Erzeugung, Verarbeitung und Herkunft sowie über ihren Handel und ihre Transportmittel. Die enthaltenen Zutaten oder Zusatzstoffe sind uns kaum bekannt. Wir essen zu viele tierische Lebensmittel – und zu viele stark verarbeitete Produkte, bei denen teilweise wertvolle Inhaltsstoffe zerstört sind. Unsere Speisen bereiten wir immer seltener selbst zu, und das Kochen wird immer mehr zur Nebentätigkeit. Was wir zu uns nehmen, ist oft vorgefertigt, aufwendig verpackt und teilweise tiefgefroren. Vielfach wird es in der Mikrowelle erhitzt oder kalt aus der Packung verzehrt. Wir greifen kaum mehr zu »Lebens-Mitteln« im ursprünglichen Sinn des Wortes, also Mittel zum Leben. Sondern vermehrt zu Produkten, für die z. B. mit »Wellness«, »Anti-Aging« oder »probiotisch« geworben wird.[1]

▲ Die vier Dimensionen einer Nachhaltigen Ernährung[2]

Art und Menge unserer Nahrung haben erhebliche Einflüsse auf unseren eigenen Körper sowie auf die Natur, auf andere Menschen und auf die wirtschaftliche Situation der Beteiligten. Hierbei spricht man von den vier Dimensionen Gesundheit, Umwelt, Gesellschaft und Wirtschaft (siehe Abbildung). Diese Einflüsse wirken sowohl im engeren Umkreis (regional) als auch im weltweiten Maßstab (global). Die drei Dimensionen Umwelt, Gesellschaft und Wirtschaft werden unter dem politischen Leitbild der »Nachhaltigkeit« zusammengefasst, das 1992 auf der UNO-Konferenz für Umwelt und Entwicklung in Rio de Janeiro von den 178 Teilnehmerstaaten weltweit vereinbart wurde. Bei der Ernährung kommt die Dimension Gesundheit noch hinzu.[1,2]

Unter Nachhaltigkeit wird eine weltweite Entwicklung verstanden, die die Bedürfnisse heutiger Generationen befriedigen soll, ohne die Bedürfnisbefriedigung kommender Generationen zu gefährden – und dass die Menschen in Industrieländern nicht weiter auf Kosten der Menschen in sog. Entwicklungsländern leben sollen. Ziel ist es, Chancengleichheit für alle gegenwärtig auf der Erde lebenden Menschen zu schaffen und auch für nachfolgende Generationen zu sichern. Die Zusammenhänge innerhalb der vier Dimensionen der Nachhaltigkeit wollen wir uns jetzt genauer anschauen (Quellen und Vertiefung für die folgenden Ausführungen: s. Literatur v. Koerber und Kretschmer[1] sowie v. Koerber, Männle, Leitzmann[2]).

Im Einklang mit der Umwelt

Die Umwelt und damit die natürlichen Lebensgrundlagen werden von uns Menschen vielfach überbeansprucht – vor allem durch unseren sehr aufwendigen Lebensstil in den Industrieländern. Und das geht häufig zulasten der Umwelt:

- Belastung von Luft, Wasser, Böden und Nahrung mit Schadstoffen
- mehr Treibhausgase in der Atmosphäre und steigende Temperaturen
- weltweiter Klimawandel: Schmelzen der Gletscher und des Polar-Eises, Stürme, Dürren, Waldbrände, Überflutungen von Flüssen, Meeresspiegelanstieg usw.
- Zerstörung der Ozonschicht (»Ozonloch«)
- Bodenverluste durch Erosion, Verdichtung, Versalzung usw.
- Waldsterben und Abholzung der Wälder, z. B. um Ackerflächen für den Sojaanbau als Futtermittel zu gewinnen
- Veränderungen der Kulturlandschaft, z. B. Verschwinden von Hecken
- Artenschwund bei Pflanzen und Tieren
- Überfischung der Meere
- Wassermangel in vielen Regionen der Erde

Wichtig: Sie können zur Schonung der Umwelt und der Ressourcen beitragen – auch durch Ihre Ernährungsweise.

Faire Preise – faire Löhne

Viele Menschen verdienen ihren Lebensunterhalt damit, dass sie für andere Menschen Nahrung erzeugen, verarbeiten, transportieren, zubereiten, mit ihr handeln, über sie aufklären oder für sie werben. Der Ernährungsbereich ist in Deutschland einer der bedeutendsten Wirtschaftszweige, der jedoch in einen teilweise ruinösen Wettbewerb verwickelt ist. Bei sinkenden Lebensmittelpreisen können viele Landwirte, aber auch verarbeitende Betriebe und Händler nicht mehr kostendeckend arbeiten. Beispielweise die Milchpreise: Sie fielen lange Zeit, und die Milchbauern bekommen pro Liter nicht genügend bezahlt. Die Preise geben die zur Herstellung tatsächlich entstandenen Kosten nicht ehrlich wieder, sie beinhalten weder die ökologischen noch die sozialen Folgekosten.

Weltweit bekommen viele Menschen in Entwicklungsländern für ihre Arbeit zu wenig Lohn und sind daher schlichtweg zu arm, um sich genügend Lebensmittel kaufen zu können – obwohl ausreichend Nahrung produziert wird.

Wichtig: Faire Preise für die Bäuerinnen und Bauern weltweit ermöglichen die Sicherung ihres Einkommens und erhalten bzw. schaffen Arbeitsplätze.

Soziales Miteinander für alle – weltweit

Über ein Drittel der weltweiten Ernte von Getreide wird an Tiere verfüttert, um Fleisch, Milch und Eier zu produzieren[3]. In Deutschland sind es sogar rund zwei Drittel[4]. Das Hauptproblem dabei: Die Umwandlung pflanzlicher Erzeugnisse, die der Mensch überwiegend direkt verzehren könnte, in tierische Produkte ist teilweise nicht sehr effektiv. Um ein Kilo Fleisch zu erzeugen, braucht man z. B. das Vielfache an Getreide, das man als Brot auch direkt essen könnte. Etwa 70 bis 90% der Nahrungskalorien können als sog. Veredelungsverluste verloren gehen[5]. Angesichts von weltweit etwa einer Milliarde hungernder Menschen ist dies eine große Verschwendung von Rohstoffen. Wiederkäuer wie Rinder, Schafe und Ziegen sind jedoch nicht auf Getreide oder Soja angewiesen, sondern können auch für Menschen nicht verwertbares Gras in hochwertige Lebensmittel umwandeln. Wenn sie auf der Weide Gras fressen, sind sie keine Nahrungskonkurrenten für den Menschen (S. 126 – 127).

Viele unserer Konsumartikel, wie Kaffee, Tee, Schokolade und Bananen, werden in Entwicklungsländern teilweise unter menschenunwürdigen Lebens- und Arbeitsbedingungen erzeugt. Vor allem die als »ausbeuterisch« definierten Formen der Kinderarbeit sind ethisch nicht vertretbar. Eine gute Alternative sind Lebensmittel aus Fairem Handel (S. 142).

Aber auch in Deutschland gibt es soziale Probleme in der Landwirtschaft: Viele Betriebe mussten bereits aufgeben, vor allem weil die Erlöse aus dem Verkauf von landwirtschaftlichen Produkten zu niedrig sind.

Wichtig: Wenn Sie weniger tierische Produkte und mehr fair gehandelte Lebensmittel kaufen, tragen Sie zu besseren Lebens- und Arbeitsbedingungen weltweit bei.

Was wir selbst davon haben: Gesundheit und Genuss

Die Gesundheitssituation hat – weltweit betrachtet – zwei Gesichter. In armen Ländern des Südens herrscht Unterernährung infolge von Armut und Nahrungsmangel. Jeden Tag sterben etwa 21 000 Kinder im Alter unter fünf Jahren, davon ein Drittel bis die Hälfte an den Folgen von Unterernährung[6].

In reichen Industrieländern hängen dagegen die Gesundheitsprobleme häufig mit Bewegungsarmut, Überernährung, Stress, Rauchen und hohem Alkoholkonsum zusammen. Zu den ernährungsabhängigen Krankheiten infolge übermäßiger bzw. unzureichender oder unausgewogener Ernährung zählen u. a. Karies, Übergewicht, Diabetes (Typ 2), Bluthochdruck, Herz-Kreislauf-Krankheiten, Gicht und Darmträgheit. Diese Wohlstandserkrankungen nehmen inzwischen auch in reicheren Schichten vieler Entwicklungsländer zu.

Wichtig: Reichlich frisches Gemüse und Obst, generell eine überwiegend pflanzliche Kost mit gering verarbeiteten Lebensmitteln, hält gesund und ist lecker.

TIPP

Motto

Wichtig: Das Motto einer nachhaltigen Ernährung lautet: »Essen mit Genuss und Verantwortung – für alle Menschen auf der Erde und für die kommenden Generationen.«

Die Lebensmittelgruppen

Die folgenden Ausführungen zu den Lebensmittelgruppen basieren auf dem Buch »Vollwert-Ernährung – Konzeption einer zeitgemäßen und nachhaltigen Ernährung«, Autoren: von Koerber, Männle, Leitzmann, Haug-Verlag, Stuttgart[2].

Gemüse und Obst: knackig und frisch auf den Tisch

Ein englisches Sprichwort sagt uns: »An apple a day keeps the doctor away.« Ein Apfel am Tag erspart den Arztbesuch. Es lässt erahnen, welche hervorragende Rolle frisches Obst und Gemüse in unserer Ernährung spielen.

Wichtige Nährstoffe satt

Sie essen schon reichlich Gemüse und Obst? Prima! Dann werden Sie mit Vitaminen, Mineralstoffen, Ballaststoffen und Sekundären Pflanzenstoffen (z.B. Sulfide oder Glucosinolate) gut versorgt. Die hohe Nährstoffdichte von Rote Bete, Kürbis und Co. und der gleichzeitig niedrige Energiegehalt tragen dazu bei, das Risiko für Übergewicht, Bluthochdruck, Herz-Kreislauf- und verschiedene Krebserkrankungen zu senken. Wenn Sie lediglich auf eine oder zwei Portionen Gemüse und Obst pro Tag kommen, können Sie sich viele Anregungen für mehr vegetarische Gerichte im Rezeptteil holen. Tendenziell sollte der Gemüseanteil übrigens größer sein als der Obstanteil.

Gemüse und Obst sind sowohl gegart als auch roh (als Frischkost) zu empfehlen. Viele Vitamine und Sekundäre Pflanzenstoffe sind hitzeempfindlich – bei anderen verbessert sich durch das Erhitzen die Aufnahme, z.B. bei Beta-Carotinen in Möhren. Die meisten Gemüse- und Obstarten lassen sich sehr gut roh genießen: zerkleinert im Salat oder direkt hineingebissen und gut gekaut. Selbst Brokkoli schmeckt roh geraspelt als Salat wunderbar: Probieren Sie den Brokkoli-Birnen-Cashew-Salat, den Sie auf Seite 52 finden. Nur grüne Bohnen und andere Hülsenfrüchte sowie Kartoffeln müssen gegart werden, um unerwünschte Inhaltsstoffe unschädlich zu machen. Und wenn Sie Gemüse schonend dünsten oder dämpfen, bleiben viele wichtige Nährstoffe erhalten.

Frisch, reif, regional und saisonal

Besonders empfehlenswert sind frisches Gemüse und Obst aus der Region und entsprechend der Saison (S. 134). Sie können voll ausreifen, bevor sie verkauft werden, und schmecken deshalb so lecker und haben mehr wertvolle Inhaltsstoffe. Dagegen werden Früchte und Gemüse außerhalb der heimischen Saison sowie Exoten wie Mangos, Papayas und Ananas oft von weither transportiert und aufwendig verpackt. Das kostet viel Energie und belastet das Klima, besonders wenn die importierte Ware mit dem Flugzeug zu uns kommt[29]. Vor dem Einkaufen lohnt sich ein Blick in den Saisonkalender (ab Seite 160), um die heimische Erntezeit herauszubekommen und Ware aus beheizten Treibhäusern zu vermeiden.

Die Kühlung von Tiefkühlgemüse und gefrorenen Früchten verbraucht ebenfalls viel Energie – in Form von Strom. Auch die Herstellung von Fertiggerichten sowie Gemüse- und Obstkonserven in Dosen oder Gläsern ist energieaufwendig. Darüber hinaus sind hier viele wichtige Nährstoffe vermindert. Aber es ist immer noch besser, im Winter auf Dosentomaten & Co. zurückzugreifen, als sehr energieaufwendige Treibhausware oder über mehrere Tausend Kilometer per LKW oder gar per Flugzeug transportierte Produkte zu kaufen.

Achtung: Frisches Gemüse und Obst sollten Sie stets gründlich waschen bzw. abreiben, da sie besonders auf der Oberfläche mit Schwermetallen oder im konventionellen Anbau mit Pestiziden belastet sein können.

Tipp

Genießen Sie die Vielfalt von Gemüse und Obst – davon einen großen Teil unerhitzt. Freuen Sie sich auf frisches, saisonales Gemüse aus der Region, das reif geerntet wurde.

Getreide: eine körnige Wohltat

Ob als Brot, Müsli, Pfannkuchen oder Auflauf – Getreide ist ein überaus vielseitiges Grundnahrungsmittel, das uns mit Energie und vielen lebenswichtigen Nährstoffen versorgt. Tun Sie sich etwas Gutes, indem Sie zu Vollkorn aus ökologischer Landwirtschaft greifen.

Reiche Vielfalt an Getreide

Die sieben Getreidearten Weizen, Roggen, Hafer, Gerste, Reis, Mais und Hirse bilden weltweit die wichtigste Nahrungsgrundlage. Darüber hinaus gibt es die Urformen des Weizens: Dinkel, Einkorn und Kamut. Grünkern ist das halbreif geerntete und getrocknete Dinkelkorn. Auch Buchweizen, Quinoa und Amaranth gibt es zu entdecken, die eigentlich nicht zu den Getreidearten gehören. Als Pflanzensamen lassen sie sich aber ähnlich verwenden wie Getreide. Da sie kein Gluten enthalten, sind sie eine gute Alternative für Zöliakie-Betroffene, die dieses bestimmte Eiweiß im Getreide nicht vertragen. Wenn Sie z. B. noch nie mit Buchweizen gekocht haben, sollten Sie die Buchweizen-Hafer-Küchle (S. 88) oder den Buchweizen-Sauerkraut-Auflauf (S. 76) probieren.

Je dunkler, desto gesünder: am besten Vollkorn

Getreide enthält reichlich Kohlenhydrate, Eiweiß, Vitamine, Mineralstoffe, Sekundäre Pflanzenstoffe (z. B. Polyphenole und Saponine) und Ballaststoffe. Um jedoch in den Genuss der gesundheitlichen Wirkungen dieser Inhaltsstoffe zu kommen, greifen Sie am besten zu Vollkorngetreide. Darin sind alle genannten Nährstoffe maximal enthalten, da diese überwiegend in den Randschichten und im Keimling des Korns vorkommen (S. 137). Vollkornprodukte und -gerichte in Form von Brot, Brötchen, Flocken, Keimlingen, Müsli, Nudeln, Aufläufen, Bratlingen oder auch Naturreis tragen dazu bei, uns vor Herz-Kreislauf-Erkrankungen, Krebs und Diabetes (Typ 2) zu schützen.

Auf gekauften Mehlen ist meist (außer bei Vollkornmehl) eine Typenzahl angegeben: Je höher die Typenzahl, desto höher ist auch der Nährstoffgehalt und desto dunkler die Farbe. Helle Mehle, sog. Auszugsmehle, haben dagegen eine niedrige Typenzahl, z. B. Type 405: Hier sind nur noch wenige Nährstoffe aus den Randschichten und dem Keim enthalten. Dies gilt auch für Lebensmittel aus hellen Mehlen, wie Weißbrot, Graubrot, weißes Toastbrot, helle Feinbackwaren, weiße Nudeln, Cornflakes – außerdem weißer Reis.

Um die Nährstoffe im Getreide zu erhalten, verarbeiten Sie es am besten so schonend wie möglich: geschrotet und eingeweicht, frisch zu Flocken gequetscht oder auch gekeimt im Frischkornmüsli; gekocht als Beilage, Bratling oder Soufflé; oder als Mehl zum Kochen und Backen. Um der Bildung von gesundheitsschädlichem Acrylamid vorzubeugen, sollten Sie eine starke Bräunung der Lebensmittel beim Backen oder Braten vermeiden.

Tipp

Tun Sie sich etwas Gutes und mahlen Sie am besten das Getreide vor dem Backen oder Kochen frisch. In Bio-Läden gibt es in der Regel eine Getreidemühle, mit deren Hilfe Sie ganze Körner vor Ort mahlen oder schroten können. Die meisten Getreidearten können Sie aus der Region bekommen. Fragen Sie ruhig beim nächsten Einkauf Ihren Bäcker, woher er sein Mehl bezieht.

Unerschöpfliche Vielfalt der Kartoffeln

Kartoffeln – wir kennen sie als Salz- oder Pellkartoffeln, im Kartoffelsalat, in der Suppe und im Eintopf, zu Kartoffelbrei oder Kartoffelklößen vermengt, gebraten, gegrillt oder frittiert. Die Vielfalt der zahlreichen Sorten und Zubereitungsmöglichkeiten ist nahezu unerschöpflich.

Am besten pur und nicht stark verarbeitet

Kartoffeln enthalten vor allem Kohlenhydrate, außerdem viele wichtige Eiweißbausteine (Aminosäuren), die Vitamine C, B_1 und Niacin sowie die Mineralstoffe Magnesium und Kalium. Jedoch gehen viele Nährstoffe durch die Verarbeitung verloren. Je stärker Kartoffeln verarbeitet werden, desto höher sind auch die Nährstoffverluste. Am besten sind gekochte Pellkartoffeln, weil wegen des Kochens in der Schale der ursprüngliche Gehalt wertvoller Substanzen weitgehend erhalten bleibt (S. 137). Diese können auch ganz einfach weiterverarbeitet werden, z. B. zu Püree oder Knödeln. Bei Salzkartoffeln, die vor dem Kochen geschält werden, gehen viele Nährstoffe in das Kochwasser verloren.

In Chips und Pommes frites stecken viel Fett und Salz. Chips werden mit Aromastoffen versetzt, damit sie den gewünschten Geschmack bekommen, wichtige Nährstoffe liefern sie dagegen kaum. Beim Frittieren bilden sich aber möglicherweise gesundheitsschädigende Stoffe wie Acrylamid. Außerdem benötigen ihre Herstellung, Lagerung und Verpackung viel Energie, was für das Klima nicht zuträglich ist. Auch Fertigmischungen für Kartoffelbrei, -knödel und -puffer haben viel des hohen Gesundheitswertes von Kartoffeln durch zahlreiche Verarbeitungsschritte eingebüßt, vor allem durch die intensive Trocknung bei hohen Temperaturen. Sie verbrauchen auch viel Energie bei der Herstellung.

Kühl, trocken und dunkel lagern

Kartoffeln gehören zu den Nachtschattengewächsen und sind am besten kühl, trocken und dunkel zu lagern. Zeigen Kartoffeln grüne Stellen oder fangen an zu keimen, haben sie Licht abbekommen. Diese Stellen sollten Sie großzügig rausschneiden. Sie enthalten relativ viel Solanin, das in größeren Mengen zu Kopfschmerzen, Erbrechen oder Durchfall führen kann.

Tipp

Mit Kartoffeln aus der Region unterstützen Sie gleichzeitig die Bauern, für die Kartoffeln eine wichtige Einkommensquelle sind. Durch die kurzen Transportwege können wir Klima und Umwelt schonen. Einige Bio-Betriebe kultivieren wieder deutsche Sorten wie Bamberger Hörnchen und Blauer Schwede. Dies ist eine sehr alte, vorwiegend festkochende Kartoffel mit kräftig violettem Fruchtfleisch.

Erbsenzählerei? Hülsenfrüchte bieten mehr

Hülsenfrüchte finden sich viel zu selten auf unserem Speiseplan und sind teilweise schon fast vergessen. Dabei gibt es unzählige leckere Sorten von Linsen, Erbsen, Bohnen, Kichererbsen und Lupinen.

Reichlich wertvolle Inhaltsstoffe

Es ist an der Zeit, die Hülsenfrüchte zu rehabilitieren: Ein reichlicher Verzehr vermindert das Risiko für Übergewicht, Diabetes (Typ 2), Bluthochdruck und koronare Herzerkrankungen. Abgesehen von ihrem schönen Äußeren, haben es die inneren Werte in sich. Hülsenfrüchte bzw. Erzeugnisse daraus wie Tofu und Brotaufstriche haben meist einen geringen Fettanteil, enthalten jedoch viel hochwertiges Eiweiß, weshalb sie eine gute pflanzliche Alternative zu Fleisch, Wurst und Käse sind. Ob Du-Puy-Linsen, Borlotti- oder Feuerbohnen – sie enthalten, wie alle Hülsenfrüchte, ferner reichlich komplexe Kohlenhydrate, Ballaststoffe sowie wichtige Vitamine, Mineralstoffe und Sekundäre Pflanzenstoffe.

Auch weiterverarbeitete Erzeugnisse gibt es heutzutage in zahlreichen leckeren Varianten: beispielsweise aus Sojabohnen gewonnene Sojamilch bzw. geräucherter oder mit Kräutern angereicherter Tofu. Ähnliche Erzeugnisse gibt es auch aus Lupinensamen. Stark verarbeitete Produkte wie texturiertes Sojafleisch sind dagegen nicht empfehlenswert, da die wertvollen Inhaltsstoffe der Hülsenfrüchte durch extrem starke Verarbeitung geschädigt sind. Außerdem werden meist zahlreiche Zusatzstoffe und Aromen beigemischt.

Erbsen und Co. richtig zubereiten

Hülsenfrüchte müssen wir vor dem Verzehr erhitzen, denn unerhitzt enthalten sie verschiedene gesundheitsschädliche Substanzen. Außerdem beinhalten sie sog. Oligosaccharide. Diese unverdaulichen Kohlenhydrate sind für die Blähungen nach dem Essen verantwortlich. Isst man allerdings häufiger Hülsenfrüchte, gewöhnt sich die Darmflora langsam an sie. Bis auf Linsen sollten Sie Hülsenfrüchte über Nacht oder mindestens vier Stunden einweichen. Das verringert die Garzeit und steigert die Bekömmlichkeit. Gekocht werden Hülsenfrüchte in der Einweichflüssigkeit. Kräuter und Gewürze dürfen in den Topf, nur Salz, Essig oder Zitronensaft sollten erst zum Ende dazu, da die Hülsenfrüchte sonst nicht richtig weich werden. Und das ist einer der wichtigsten Punkte: Hülsenfrüchte sollen weichgekocht werden, nicht nur »al dente«. Am besten lassen Sie die Hülsenfrüchte, wenn sie weich sind, noch 30 Minuten nachquellen. Um die Verträglichkeit zu erhöhen, können Sie sie mit Kräutern und Gewürzen aus der Familie der Dolden- und Lippenblütler zubereiten, wie Bohnenkraut, Fenchelsamen, Majoran oder Kümmel. Einen sommerlichen Salat aus Linsen und Radicchio finden Sie auf Seite 50. Kochen Sie von Hülsenfrüchten immer gleich etwas mehr, denn man kann sie gut ein paar Tage im Kühlschrank aufbewahren.

Tipp

Linsen, Erbsen, Bohnen, Kichererbsen und Lupinen sind ausgesprochen preisgünstig, ohne Kühlung gut lagerfähig und ganzjährig verfügbar. Stammen sie aus ökologischer und regionaler Landwirtschaft, ist das natürlich optimal.

Nüsse, Ölsamen und Ölfrüchte: klein, aber fein

Nüsse und Ölsamen sind ein gesunder Knabberspaß und verfeinern Müsli, Salat, Brot und andere Backwaren. Ihre Saison beginnt im Herbst, und spätestens zu Weihnachten finden wir sie auf dem »bunten Teller« oder im Stollen.

Kleine Kraftpakete

Sonnenblumen- und Kürbiskerne, Sesam oder Leinsamen zählen zu den Ölsamen, zu den Ölfrüchten gehören z. B. Oliven und Avocados. Als Quelle für wichtige Nährstoffe, wie lebensnotwendige Fettsäuren, Eiweiß, Vitamine, Mineralstoffe, Ballaststoffe und Sekundäre Pflanzenstoffe, helfen Nüsse und Ölsamen, etwas für unsere Gesundheit zu tun. Ihre Nährstoffzusammensetzung mit einfach und mehrfach ungesättigten Fettsäuren ist so günstig, dass wir damit beispielsweise zur Senkung des Cholesterinspiegels und zur Vorbeugung von Herz-Kreislauf-Erkrankungen beitragen können. Empfehlenswert sind Nüsse und Ölsamen besonders in roher Form. Lecker sind sie auch geröstet – am besten aber nicht zu lange in der heißen Pfanne lassen, damit keine gesundheitsschädigenden Stoffe wie Acrylamid entstehen. Allerdings sind Nüsse, Ölsamen und Ölfrüchte relativ fettreich, sodass Sie deren Vielfalt zwar regelmäßig, aber in Maßen genießen sollten. Auch wenn sie gut sättigen, wäre ein Übermaß bei allem Genuss irgendwann doch auf der Waage zu merken.

Nüsse und Ölsamen kommen auch gesalzen oder gesüßt (kandiert) in den Handel, doch der hohe Salz- oder Zuckergehalt sind problematisch. Besonders Kinder lieben bekanntlich Nuss-Nougat-Cremes, doch weil diese viel Zucker enthalten, sind Nussmuse, z. B. Haselnuss- oder Mandelmus, die bessere Alternative. Im Bio-Handel gibt es auch Nuss-Nougat-Cremes mit weniger Zucker bzw. Vollrohrzucker oder Honig gesüßt (S. 29). Auf Seite 39 finden Sie ein Rezept für selbst gemachten Schokoaufstrich.

Richtig und nicht zu lange lagern

Werden Nüsse falsch gelagert, können sich Schimmelpilze bilden oder sie werden ranzig. Kaufen Sie daher lieber frische Nüsse und Ölsamen in nicht zu großer Menge – Nüsse am besten noch in der Schale zum Selber-Knacken – und lagern diese kühl und trocken und vor allem nicht zu lange. Im Herbst kann man auf dem Wochenmarkt oder im Bio-Handel frische Walnüsse oder Haselnüsse sowie Sonnenblumen- oder Kürbiskerne kaufen – dabei lohnt sich, nach Erzeugnissen aus der Region zu fragen. Doch auch aus der Ferne importierte Mandeln, Cashew-, Para-, Erd- und Makadamianüsse usw. kann man ruhig ab und an als Spezialitäten genießen – sofern sie aus Fairem Handel und ökologischer Erzeugung stammen. Probieren Sie einmal die Zucchini-Fenchel-Lasagne mit Cashewnusssauce und Kürbiskernen auf Seite 82. Ein wunderbares Gericht für Gäste!

Tipp

Achten Sie beim Spazierengehen und auf Radtouren im Sommer auf wilde Nussbäume, dann können Sie dort im Herbst frische Nüsse sammeln.

Mehr Geschmack mit geeigneten Fetten und Ölen

Speisefette und Speiseöle sind besondere Geschmacksträger. Da sie so gut schmecken, neigt man gerne dazu, zu viel von ihnen zu essen.

In Maßen wichtig und gut

Fette und Öle spielen eine wichtige Rolle in unserer Ernährung – auf dem Brot, zum Kochen, zum Braten, zum Backen und für Salate. Allerdings sollte man diese nur in Maßen verwenden: von der Energiezufuhr etwa 30% Fett, das sind durchschnittlich 60–80 g pro Tag[45]. Der übliche hohe Fettverzehr trägt zur Entstehung von Übergewicht und dessen Folgeerkrankungen, wie Diabetes (Typ 2), Bluthochdruck und Fettstoffwechselstörungen, bei und erhöht vermutlich das Risiko für verschiedene Krebsarten.

Fette lassen sich in sichtbare und versteckte Fette unterteilen. Während z. B. Butter auf dem Brot oder Olivenöl im Salat als Zutat sichtbar sind, ist der Fettgehalt von Fleisch, Wurst, Milch, Käse und Nüssen oder das zugefügte Fett in Schokolade und Fertigprodukten nicht direkt zu erkennen. Lebensmittel mit natürlich enthaltenem Fett, wie Fleisch- oder Milchprodukte, haben einen großen Anteil an unserer täglichen Fettzufuhr. Danach folgen Süßwaren, Backwaren, Speiseöle, Pflanzenmargarinen und tierische Fette wie Butter.

Abwechslung mit Raps-, Oliven- und Sonnenblumenöl

Fette und Öle enthalten unterschiedliche Fettsäuren: gesättigte sowie einfach und mehrfach ungesättigte. Vor allem tierische Lebensmittel liefern die problematischen gesättigten Fettsäuren. Unsere durchschnittliche Aufnahme gesättigter Fettsäuren ist meist zu hoch. Studien zeigen, dass sich ein geringerer Verzehr von gesättigten Fettsäuren und ein höherer Verzehr einfach und mehrfach ungesättigter Fettsäuren günstig auf die Blutfette auswirken. Beispielswiese sinkt dadurch der Blutspiegel des ungünstigen LDL-Cholesterins, was wiederum zum Schutz vor Herz-Kreislauf-Erkrankungen beiträgt. Häufiger vegetarisch zu essen bedeutet also gleichzeitig auch, weniger gesättigte Fettsäuren zu sich zu nehmen. Pflanzenöle, wie Raps-, Oliven- oder Sonnenblumenöl, enthalten einfach und mehrfach ungesättigte Fettsäuren in günstiger Zusammensetzung. Auch Butter oder ungehärtete Pflanzenmargarine sind in Maßen in Ordnung. Hingegen sollte man Kokosfett oder Palmkernfett selten verwenden, weil sie einen hohen Anteil gesättigter Fettsäuren haben. Nicht empfehlenswert sind Lebensmittel, die unerwünschte Transfettsäuren enthalten, wie bestimmte Backwaren, Pommes frites, Chips, Tütensuppen, Fertiggerichte sowie Süßigkeiten und Snacks.

Kalt gepresst und nativ

Greifen Sie zu kalt gepressten, nativen Ölen und nicht zu den üblichen stark verarbeiteten extrahierten und raffinierten Ölen (z. B. gewöhnliche Salatöle). Bei der Kaltpressung bleiben die wertvollen Inhaltsstoffe und Aromen der Ausgangsfrüchte weitgehend erhalten, die Öle schmecken viel kräftiger und eignen sich hervorragend, um mit ihnen ein Dressing anzurühren. Aufgrund ihrer Naturbelassenheit können sie schneller ranzig werden, darum sollten sie im Kühlschrank – und nicht zu lange – aufbewahrt werden. Nicht zu empfehlen sind gehärtete Fette in herkömmlichen Margarinen und damit hergestellten Produkten. Sehen Sie sich doch einmal in Ihrem Bio-Laden nach Ölen aus regionalen Ölsamen oder Nüssen sowie Butter von Molkereien aus der Region um! Aufgrund ihrer kurzen Transportwege sind diese ökologisch zu bevorzugen.

Tipp

Verwenden Sie Fette und Öle gezielt und sparsam! Nutzen Sie mehr frische Kräuter und Gewürze zur Verfeinerung des Geschmacks!

Milch: Genuss von der Weide

Die Muttermilch versorgt uns als Baby mit allem, was wir benötigen. Und auch im Erwachsenenalter bleibt Milch für uns ein wichtiges Nahrungsmittel.

Lebenswichtige Nährstoffe

Milch- und Milchprodukte enthalten Eiweiß mit hohem Gehalt an lebensnotwendigen Aminosäuren, viele lebenswichtige Vitamine (v. a. B_2 und B_{12}) und Mineralstoffe wie Kalzium. Durch den Gehalt an Vitamin B_{12} ist Milch eine gute Ergänzung in einer vegetarischen Ernährung ohne Fleisch. Eine vegane Ernährung ohne Milchprodukte, Fleisch und Eier ist wegen möglicher Nährstoffmängel nicht zu empfehlen (besonders Vitamine B_{12}, B_2 und Kalzium sowie Eiweiß).[18] Wer sich dennoch vegan ernähren möchte, sollte sich umfassend informieren und auch Ernährungsberatung in Anspruch nehmen. Besonders wichtig sind gute pflanzliche Quellen für Vitamin B_2 und Kalzium. Vitamin B_{12} kommt in pflanzlichen Lebensmitteln nicht oder nur in Spuren vor – eine sichere Versorgung mit diesem Vitamin sollte bei veganer Ernährung daher über angereicherte Lebensmittel und/oder Nahrungsergänzungsmittel sichergestellt werden (was eigentlich dem Grundgedanken einer natürlichen Ernährung ohne chemische Zusätze widerspricht).

Bei Milchprodukten auch nicht übertreiben

Milch und Milcherzeugnisse sind fetthaltige Lebensmittel. Wenn Kalorien-Sparen angesagt ist, bieten sich diejenigen mit 1,5 % Fettgehalt an. Auch Vollmilch und gesäuerte Erzeugnisse (wie Joghurt, Dickmilch oder Kefir) mit einem Fettgehalt von 3,5 % sind durchaus in Ordnung – allerdings eher in mäßigen Mengen. Bei ihnen sind u. a. die fettlöslichen Vitamine und die für den guten Geschmack verantwortlichen Stoffe noch mehr enthalten. Saure Sahne und Schmand sowie besonders süße Sahne enthalten viel Fett. Übliche Fruchtjoghurts mit Zucker, Zusatzstoffen und Aromen sind weniger zu empfehlen – Bio-Fruchtjoghurts werden dagegen ohne Aromenzusatz und teilweise mit natürlichen Süßungsmitteln angeboten. Buttermilch ist von Natur aus fettarm, bei Käse können auch die weniger fettreichen Sorten gut schmecken.

Milchprodukte spielen eine wichtige Rolle, sollten aber nicht zu reichlich genossen werden – dafür lieber in hoher Qualität, zu fairen Preisen und aus ökologischer Erzeugung (S. 130). Leckere pflanzliche Alternativen sind z. B. Hafer-, Mandel- oder Sojamilch – oder der käseähnliche Tofu. Selbst »Joghurt« oder »Sahne« werden heutzutage aus Sojabohnen hergestellt. Ferner führt der Bio-Handel viele vegetarische Brotaufstriche.

Tipp

Entscheiden Sie sich am besten für Milch-Erzeugnisse aus artgerechter, ökologischer bzw. nachhaltiger Weidehaltung auf Dauergrünland – und aus der Region. Um Nährstoffverluste zu vermeiden, sollten Sie pasteurisierte Milch der ultrahoch erhitzten H-Milch vorziehen (bzw. Erzeugnisse daraus).

Fleisch, Fisch und Eier: weniger ist mehr

Tierische Lebensmittel tragen zur Versorgung mit lebensnotwendigen Nährstoffen bei. Ein gewisser Anteil von Fleisch, Wurst, Fisch und Eiern kann seinen Platz in einer gesunden bzw. nachhaltigen Ernährung haben.

Bei Fleisch, Wurst und Eiern: lieber Maß halten

Der hierzulande übliche hohe Verzehr tierischer Lebensmittel kann auch zu ernährungsabhängigen Erkrankungen beitragen, weil sie teilweise viel Nahrungsenergie, Fett, gesättigte Fettsäuren, Cholesterin und Purine enthalten (S. 129). Und: Essen wir weiterhin so viel davon und steigt die weltweite Nachfrage, werden die globalen Probleme wie Welthunger, Klimawandel, Wassermangel und Ressourcenverschwendung verstärkt (S. 16–18). Außerdem entlastet ein mäßiger Verzehr unseren Geldbeutel.

Spannungsfeld Fisch

Viele Fischarten sind fettreiche Lebensmittel, jedoch enthalten sie auch lebensnotwendige Omega-3-Fettsäuren. Eine ausreichende Versorgung ist aber auch über pflanzliche Öle wie Lein-, Hanf-, Raps-, Walnuss- und Sojaöl möglich. Diese enthalten Alpha-Linolensäure, aus der wir im Körper Omega-3-Fettsäuren bilden können. Hochseefisch trägt außerdem zur Jod-Versorgung bei.[18] Er kann aber mit Schadstoffen belastet sein. Trotz der gesundheitlichen Pluspunkte ist ein hoher Fischverzehr aus üblicher Herkunft ökologisch und sozial problematisch.

Inzwischen sind etwa 75 % der kommerziell genutzten Fischarten überfischt oder stehen kurz davor. Außerdem werden jährlich viele Millionen Tonnen Fische und andere Meerestiere als sog. Beifang mitgefangen und dann wieder tot ins Meer zurück geworfen. Durch illegalen sog. Raubfang industrieller Fischfangflotten, aber auch durch legalen Fischfang aufgrund von EU-Fangquoten und Fischerei-Abkommen, gehen einheimische Fischer z. B. in afrikanischen Ländern teilweise leer aus. Ihnen drohen Arbeitslosigkeit, Verarmung und die Flucht aus der Heimat. Ökologisch und sozial verträglich sind derzeit nur wenige Fischarten. Informationen darüber, welche Fische Sie noch bedenkenlos genießen können, finden Sie im Internet auf Websites von Greenpeace und WWF: www.wwf.de/fisch und www.greenpeace.de/fischerei.

Zunehmend werden Fische, Krebse, Shrimps usw. auch aus Zuchtfarmen, sog. Aquakulturen, angeboten. Hierzu gehört auch die einheimische Teichwirtschaft, die z. B. Forellen oder Karpfen züchtet. Bei konventioneller Produktion ist jedoch teilweise die Anzahl der Tiere sehr hoch, was nicht artgerecht ist und die Verschmutzung der Gewässer sowie Krankheiten fördert. Dies zieht wiederum eine intensive Behandlung mit Medikamenten nach sich, was gesundheitlich und ökologisch bedenklich ist. Außerdem werden sie vielfach u. a. mit Fischmehl aus Seefisch gefüttert, was wiederum zur Fischereikrise beiträgt.

WISSEN

Verwendung aller Teile vom Tier

Bei den wenigen Fleischrezepten dieses Buches liegt der Fokus darauf, möglichst alle Teile vom Tier zu verwenden, also nicht nur Schnitzel, Kotelett und Filet, sondern auch die weniger edlen Teile. Wenn diese nicht genutzt werden, bedeutet dies eine nichtnachhaltige Verschwendung. Beispielsweise wird durch den Export von (bei uns unverkäuflichen) weniger edlen Fleischteilen nach Afrika dort viel Unheil angerichtet. Denn die Preise der einheimischen Produzenten werden unterboten, die dann nicht mehr konkurrenzfähig sind und ihre Produktion aufgeben. Die Fleischrezepte sind für sechs bis zehn Personen ausgelegt, da es überwiegend Schmorgerichte sind, die eine längere Zeit im Ofen brauchen, und der Arbeits- und Energieaufwand für zwei Personen zu hoch wäre.

Tipp

Kaufen Sie Fleisch, Wurst, Fisch und Eier aus ökologischer Tierhaltung und Fütterung: Zeichen für Bio-Lebensmittel (S. 133). Bio-Eier tragen das Kürzel »0«. Fisch aus nachhaltiger Fischerei und Aquakultur kennzeichnen z. B. Siegel von Naturland oder MSC.

www.naturland.de

www.msc.org

Getränke: Schluck für Schluck für die Gesundheit

Wasser ist für die Vorgänge in unserem Körper unverzichtbar. Dieser besteht zu etwa 60% aus Wasser. Trinken wir nicht regelmäßig, kommt es zu Müdigkeit, verminderter Leistungsfähigkeit oder Kopfschmerzen.

Erste Wahl bei Getränken: Leitungswasser

Wir müssen die Menge der Flüssigkeit, die wir über Urin, Haut, Lunge und Stuhl ausscheiden, durch Lebensmittel und Getränke wiederaufnehmen. Leider können wir uns nicht nur auf unser Durstgefühl verlassen, um zu merken, wann wir wieder etwas trinken sollten.

Wenn wir Durst verspüren, hat unser Körper bereits einen leichten Flüssigkeitsmangel. Entscheidend ist, im Verlauf des Tages regelmäßig und ausreichend zu trinken, nämlich je nach Umgebungstemperatur und körperlicher Aktivität mindestens 1,5 bis mehrere Liter am Tag[45].

Um unseren Bedarf an Flüssigkeit zu decken, ist idealerweise Leitungswasser zu empfehlen. Es ist in Deutschland das bestkontrollierte Lebensmittel. Auch Mineralwasser ist gesundheitlich günstig, hat aber – wie andere abgefüllte Getränke – eine ungünstige Umweltbilanz. Wegen des hohen Energieaufwands bei Aufbereitung, Abfüllung, Flaschenwäsche, Transport und Rücktransport der Flaschen. Und es ist weitaus teurer als Wasser aus dem Hahn. Leitungswasser muss man aber gar nicht immer pur trinken: Probieren Sie ungesüßte Kräuter- und Früchtetees, Getreidekaffee sowie verdünnte Frucht- und Gemüsesäfte (Schorlen). Unverdünnte Säfte und Milch eignen sich nicht zum Durstlöschen, da sie energiereich sind.

Kaffee und Tee als Genussmittel in Maßen

Kaffee sowie grüner und schwarzer Tee sind als Durstlöscher ebenfalls nicht geeignet – nur in Maßen als Genussmittel. Sie enthalten Koffein, das anregend auf Herz und Kreislauf wirkt. Dadurch bekommen wir ein Gefühl von Wachheit – ohne wirklich Energie aufzuladen. Später werden wir teilweise erst recht müde, trinken erneut Kaffee – usw. Viel Koffein kann Schlafstörungen, Kopfschmerzen und Magenbeschwerden hervorrufen. Wenn Sie Kaffee oder Tee trinken, sollten Sie Produkte aus Fairem Handel auswählen, um höhere Erlöse für die Bauern und Arbeiter sowie gewisse Umweltstandards in Entwicklungsländern zu unterstützen (S. 142).

Mit viel Zucker oder mit Süßstoffen gesüßte Getränke, wie Fruchtnektare, Fruchtsaftgetränke, Limonaden sowie Cola-Getränke, Energy-Drinks und Sportlergetränke, sind nicht zu empfehlen. Alkoholische Getränke zählen zu den Genussmitteln, die sich in Maßen und zu besonderen Anlässen anbieten.

Tipp

Kochen Sie sich am Morgen Kräuter- oder Früchtetee für den ganzen Tag und stellen Sie ihn in einer Thermoskanne bereit – kalt auch ein leckeres Erfrischungsgetränk für heiße Sommertage.

Auf Kräuter und Gewürze verzichten? Lieber nicht!

Kräuter und Gewürze sind von unseren Speisezetteln nicht wegzudenken. Neben den Klassikern Pfeffer und Salz findet sich eine schier unendliche Vielfalt, die unsere Gerichte geschmacklich verfeinert.

Sie schmecken nicht nur, sondern wirken auch im Körper

Auch wenn Kräuter, Gewürze und Gewürzmischungen (z.B. Curry) einen eher geringen Anteil an unserer Nährstoffversorgung haben, weisen sie einen hohen Gehalt an ätherischen Ölen und Sekundären Pflanzenstoffen auf. Diese farb-, geschmacks- und geruchsgebenden Stoffe (z.B. Flavonoide) wirken im Körper auf unterschiedliche Weise. Einige regen die Speichelbildung an. Andere sorgen dafür, dass unser Essen bekömmlicher wird (z.B. Fenchel, Kümmel). Oder sie wirken positiv auf Magen-Darm-Trakt, Leber, Kreislauf oder Harnorgane.

Gewürzaromen, Würzen, Würzmischungen, Aromastoffe und Geschmacksverstärker – oder damit hergestellte Produkte – sollten Sie beim Einkaufen lieber links liegen lassen. Sie enthalten in der Regel viel Salz und Zusatzstoffe, und die Aromen sind teilweise synthetisch hergestellt. Auch zugesetzte sog. natürliche Aromen halten nicht das, was viele Verbraucher erwarten. Sie sind in der Regel nicht aus denjenigen Lebensmitteln gewonnen, nach denen sie schmecken oder riechen, sondern aus anderen in der Natur vorkommenden Rohstoffen, z.B. aus Holzabfällen oder (Schimmel-)Pilzen.

Tipp

Besonders intensiv schmecken Gewürze, wenn sie in der Pfanne bei mittlerer Hitze mit erwärmt werden. Doch besser nicht zu heiß werden lassen, sonst schmecken sie bitter. Bei den Kräutern werden die festeren Sorten, wie Rosmarin, Thymian und Lorbeer, gerne schon zu Anfang in den Topf gegeben und mitgekocht, jedoch sollten sie zuvor nicht gehackt werden, da sie sonst auch die Bitterstoffe freisetzen. Zarte Kräuter (Basilikum, Kerbel) gibt man am besten ganz zum Schluss dazu oder streut sie nur über das Gericht, da sich bei längerem Erhitzen die Aromen verflüchtigen.

Zu viel Salz tut nicht gut

Das »Salz in der Suppe« verstärkt vielfach den Geschmack unseres Essens. Doch die tägliche Menge sollte 6 g nicht übersteigen – der Durchschnitt liegt bei knapp 10 g[46]. Damit sind die Gesamtmengen gemeint, die wir über verarbeitete Produkte zu uns nehmen, sowie das zusätzliche Salzen unserer Speisen in der Küche oder auf dem Teller. Menschen, die an erhöhtem Blutdruck leiden und kochsalzempfindlich sind, können, wenn Sie Salz sparen, ihren Blutdruck senken. Salz zu vermindern funktioniert am besten, indem Sie stattdessen vielseitig frische Kräuter und Gewürze verwenden. Empfehlenswert ist jodiertes Salz (außer für jodempfindliche Menschen), da die natürliche Jodzufuhr zumeist unzureichend ist und dadurch Jodmangel-Kropf entstehen kann.

Kräuter und Gewürze verleihen unseren Gerichten den letzten Pfiff und hellen dabei unsere Stimmung auf! Verwenden wir also vermehrt frische Kräuter und Gewürze, möglichst aus Bio-Anbau und Fairem Handel (S. 130 und 142).

Tipp

Falls Sie nicht schon ein Kräuterbeet haben, ziehen Sie sich Ihre Kräuter zum Würzen oder für die Teezubereitung selbst – auf dem Balkon oder auf dem Fensterbrett. So haben Sie Ihre Lieblingskräuter immer griffbereit und frisch auf dem Tisch.

Süßungsmittel aus der Natur

Ob in Tee oder Kaffee, im Joghurt, aufs Brot, im Kuchen oder als kleine Süßigkeit zwischendurch – süße Lebensmittel schmecken uns wohl allen.

Die Reizschwelle für süß lässt sich senken

Die Geschmacksempfindung »süß« ist bei jedem Menschen unterschiedlich stark ausgeprägt. Die Reizschwelle, ab der wir süß empfinden, können wir erhöhen, aber auch vermindern. So zeigt sich nach einer Übergangszeit von einigen Tagen oder Wochen, an denen wir Süßes vermeiden, dass wir gering gesüßte Speisen in der Regel genauso intensiv erleben wie zuvor stark gesüßte. Und umgekehrt stark gesüßte Produkte dann als zu süß empfinden. Süßungsmittel wie Honig oder Vollrohrzucker verhindern wegen ihres Eigengeschmacks, zu viel davon zu verwenden. Das Ziel ist, nach einer Umgewöhnungszeit weniger gesundheitsbedenkliche Zucker aufzunehmen.

Isolierte Zucker lieber meiden

Raffinierter Haushaltszucker – egal ob aus Zuckerrohr oder Zuckerrüben – zählt zu den sog. isolierten Zuckern. Hierzu gehören weißer und brauner Zucker sowie Traubenzucker, Fruchtzucker usw. Diese enthalten praktisch keine bzw. nur sehr wenige lebensnotwendige und gesundheitsfördernde Nährstoffe. Brauner Zucker ist hier praktisch nicht besser als weißer Zucker. Isolierte Zucker begünstigen bei übermäßigem Verzehr die Entstehung von Zahnkaries, Übergewicht und Fettsucht. Auch weitere Erkrankungen wie Diabetes (Typ 2), Fettstoffwechselstörungen und Arteriosklerose stehen damit in Zusammenhang. Zudem können diese die Verträglichkeit von Vollkornerzeugnissen beeinträchtigen und Blähungen verursachen.

Honig, Vollrohrzucker, Apfeldicksaft und Co.

Um Zucker zu sparen, kann man auch mit frischem, süßem Obst, Honig oder ungeschwefelten, eingeweichten Trockenfrüchten süßen. Aber auch Vollrohrzucker, Vollrübenzucker, Apfeldicksaft oder andere Fruchtdicksäfte, Agavendicksaft, Ahornsirup sowie Zuckerrübensirup bieten sich dazu an – jedoch maßvoll und nicht in konzentrierter Form. Sofern diese aus Entwicklungsländern importiert werden, sollten Sie darauf achten, dass sie aus Fairem Handel stammen (S. 142). Alle genannten Erzeugnisse gibt es aus ökologischer Landwirtschaft (S. 130).

Um synthetische Süßstoffe und damit hergestellte Produkte, wie Light-Getränke, Light-Süßwaren und Feingebäck, ist es besser einen Bogen zu machen. Süßstoffe können den Appetit anregen und zu einem hohen Verzehr damit gesüßter Produkte verleiten. Ziel sollte sein, sich allmählich an eine weniger intensive Süße der Speisen zu gewöhnen.

Hinweis: Vertiefende Hintergrundinformationen zu den Grundsätzen für eine Nachhaltige Ernährung und zum Nachhaltigen Alltag finden sich im Kapitel »Nachhaltige Ernährung: die Basics« am Ende des Buches (ab S. 125).

Tipp

Freuen Sie sich im Frühjahr, Sommer und Herbst auf die reichhaltige Auswahl an frischen Früchten, die uns das Leben versüßen.

Rezepte – nachhaltig kochen

Ob Kohlrabicarpaccio, Dinkelgrissini oder Maroni-Macchiato – der Rezeptteil ist vielfältig und legt den Schwerpunkt auf eine kunterbunte Gemüseküche. Zusätzlich: eine Handvoll Fleisch- und Fischgerichte, bei denen wir Wert darauf gelegt haben, dass möglichst alle Teile vom Tier verwendet werden.

Focaccia mit Tomaten und Rukola

Eine sommerlich belegte Focaccia aus herzhaftem Dinkel.

▶ Für 1 Blech

Braucht etwas mehr Zeit ⏲ 50 Min. + 20 Min. Backzeit

Für den Hefeteig: 20 g Hefe · 200 ml warmes Wasser · Salz · 2 EL Olivenöl · 300 g Dinkelvollkornmehl

Für den Belag: 300 g Tomaten · 2 Knoblauchzehen · 1 Bund Rukola · 2 EL Olivenöl · Salz | Pfeffer, frisch gemahlen

- Die Hefe in etwas Wasser auflösen, das restliche Wasser mit ½ TL Salz und dem Olivenöl dazugeben. Das Mehl einrühren, gut vermengen und 5 Min. kneten. Den Teig bei Zimmertemperatur gehen lassen, bis er sein Volumen ungefähr verdoppelt hat. (Wenn alle Zutaten warm waren, dauert das ca. 30 Min.)
- Den Teig noch einmal kurz durchkneten. Ein rundes Backblech einfetten oder mit Backpapier auslegen, den Teig ausrollen, auf das Blech legen und weitere 5 Min. gehen lassen.
- Den Stielansatz der Tomaten entfernen, die Haut kreuzweise einritzen, kurz mit kochendem Wasser überbrühen und die Haut abziehen. Die Tomaten vierteln, entkernen und in Streifen schneiden. Knoblauch abziehen, zu den Tomaten pressen. Rukola waschen, hacken, zu den Tomaten geben und mit dem Olivenöl, Salz und Pfeffer abschmecken. Den Hefeteig damit belegen.
- Das Brot etwa 5 Min. bei Zimmertemperatur gehen lassen. Danach bei ca. 250 Grad (Umluft 220 Grad) für 20 Min. backen.

▶ Variante

Olivenöl und Rukola können auch erst nach dem Backen auf der Focaccia verteilt werden. Außerhalb der Tomatensaison können Sie die Focaccia auch mit Sesam, Kräutern oder Gewürzen bestreuen. Einfach vorher den Teig etwas anfeuchten und die Gewürze leicht andrücken.

Nährwerte pro Rezept

1480 kcal / F 49 g / KH 207 g / E 51 g

KLEINIGKEITEN

Dinkelwrap mit Ziegenfrischkäse und Salat

Perfekt fürs Picknick!

▶ Für 2 Personen

Gut vorzubereiten ⏲ 30 Min. + 20 Min. Garzeit

200 g Vollkorndinkelmehl · Salz | Pfeffer, frisch gemahlen · 400 ml fettarme Milch oder Gemüsebrühe · 1 Ei · etwas Bratöl

Zutaten Füllung: 100 g Ziegenfrischkäse · 100 g Magerquark · 1 EL Schnittlauchröllchen · 2 Blatt Eisbergsalat · ½ Bund Rukola · 2 Tomaten · ½ Gurke · Kreuzkümmel

- Das Mehl mit etwas Salz vermischen. Die Milch einrühren, sodass ein glatter Teig entsteht, ca. 30 Min. quellen lassen. Das Ei dazugeben und die Wraps dünn in einer Pfanne ausbacken.
- Den Ziegenfrischkäse mit dem Quark vermengen, Schnittlauch, Salz und Pfeffer unter die Käsemasse rühren.
- Den Salat und das Gemüse in Streifen schneiden, mit Kreuzkümmel, Salz und Pfeffer würzen. Die Wraps ausbreiten, die Käsemasse darauf verteilen und gleichmäßig verstreichen. Die gewürzte Salatmischung auf den Wraps verteilen und fest aufrollen. Im Ofen oder unter dem Grill 10 Min. erwärmen – sie sollen nur lauwarm sein.

▶ Variante

Anstelle der Ziegenfrischkäsemasse können Sie auch den Auberginendip (S. 42) verwenden.

▶ Das passt dazu

Kombinieren Sie die Wraps mit einem großen Salatteller oder dem Schwarzwurzelragout (S. 69). Lecker dazu schmeckt auch ein Joghurtdip.

Nährwerte pro Portion

640 kcal / F 22 g / KH 81 g / E 29 g

Überbackenes Ziegenkäsebaguette

Im Sommer prima zu einem großen Salat oder als Appetizer.

▶ Für 4 Scheiben

Geht schnell ⏲ 10 Min. + 10 Min. Backzeit

4 Scheiben Vollkornbaguette · 150 g Ziegenkäse · 60 g Magerquark · 30 g Zwiebeln · 1 Knoblauchzehe · 20 g Radieschensprossen · Cayennepfeffer

- Die Baguettescheiben leicht toasten. Das geht im Backofen oder, noch einfacher, auf der Herdplatte. Die Brotscheiben auf einen Metallrost legen und darauf das Brot toasten.
- Den Ziegenkäse mit dem Quark pürieren. Die Zwiebeln abziehen und fein schneiden, den Knoblauch pressen und mit den Radieschensprossen unterheben. Mit etwas Cayennepfeffer abschmecken.
- Die Käsemasse gleichmäßig auf den getoasteten Brotscheiben verteilen und ca. 5–10 Min. im Ofen überbacken.

▶ Variante

Die Käsemasse eignet sich auch, um Aufläufe zu gratinieren oder Kartoffeln zu überbacken.

Nährwerte pro Rezept

485 kcal / F 21 g / KH 45 g / E 28 g

▶ Dinkelwrap mit Ziegenfrischkäse und Salat

Dinkelgrissini mit Thymian

Italienische Knabberei aus leckerem Dinkel.

▶ Für 4 Personen
Gelingt leicht ⏲ 40 Min. + 10 Min. Backzeit

20 g Hefe · 200 ml Wasser · 2 EL Olivenöl · 300 g Dinkelvollkornmehl · 2 Thymianzweige · Salz

- Die Hefe in etwas Wasser auflösen, das restliche Wasser mit dem Salz und dem Olivenöl dazugeben. Das Mehl in die Flüssigkeit einrühren, gut vermengen und etwa 5 Min. kneten.
- Den Teig bei Zimmertemperatur gehen lassen, bis er sein Volumen ungefähr verdoppelt hat (wenn alle Zutaten warm waren, dauert das ca. 30 Min.).
- Die Thymianzweige zupfen, die Blättchen hacken, zum Teig geben und diesen noch einmal kurz durchkneten. Ein Backblech einfetten. Die Grissinis wie Bleistifte formen und im Backofen bei 250 Grad (Umluft 220 Grad) ca. 5–10 Min. backen, bis sie knusprig sind.

Nährwerte pro Rezept
1260 kcal / F 31 g / KH 197 g / E 45 g

Tipp
Stippen Sie die Grissini in die Zucchinicreme (S. 42) oder das Ajvar (S. 40) ein.

Kräuterwaffeln

Eine herzhafte und nicht so fetthaltige Variante.

▶ Für 2–4 Personen
Preisgünstig ⏲ 30 Min. + Backzeit

200 g Dinkelvollkornmehl · 200 ml fettarme Milch · 50 ml Mineralwasser · 2 Eier · 1 Msp. Korianderpulver · Salz | Pfeffer, frisch gemahlen · 2 EL frische Kräuter (Salbei, Petersilie, Schnittlauch)

- Das Mehl mit der Milch und dem Wasser verrühren und ca. 20 Min. quellen lassen. Die Eier trennen. Die Eigelbe und die Gewürze zur Mehlmischung geben. Das Eiklar steif schlagen.
- Die Kräuter waschen, schneiden bzw. hacken. Das steif geschlagene Eiweiß und die Kräuter vorsichtig unter die Teigmasse heben. Den Teig portionsweise in einem leicht gefetteten Waffeleisen goldbraun backen.

▶ Das passt dazu
Lecker schmecken die Waffeln z. B. zu Mangoldröllchen (S. 43), Kohlrabi-Saltimbocca (S. 71) oder Zucchini-Tomaten-Curry (S. 69).

Nährwerte pro Rezept
950 kcal / F 22 g / KH 139 g / E 47 g

Tipp
Die Waffeln schmecken direkt aus dem Waffeleisen am besten und können zu vielen Gemüsegerichten serviert werden.

Käsegebäck

Ein herzhafter Snack, ideal zu gekühlten Getränken.

▶ Für 4 Personen
Geht schnell ⏲ 20 Min. + 10 Min. Backzeit

300 g Weizenvollkornmehl · 150 g Quark 4 EL Olivenöl · 1 Ei · ½ TL Weinstein-Backpulver · 1 Prise Salz · Salbei · Oregano · 150 g geriebener Bergkäse · 1 TL Paprikapulver · 1 TL Kümmel

- Für den Teig Mehl, Quark, das Ei, Backpulver, Salz sowie Salbei und Oregano in einer Schüssel gut miteinander verrühren, dann kurz durchkneten. Den Teig auf einem bemehlten Backbrett rechteckig dünn ausrollen.
- Den Käse mit den Gewürzen mischen, die Hälfte des Teiges damit bestreuen, die andere Hälfte darüberschlagen, leicht andrücken und mit dem Messer in 1 cm breite und 10 cm lange Streifen schneiden.
- Die Streifen an beiden Enden halten und gegeneinander drehen, sodass sich die Käsestangen spiralförmig aufdrehen. Die Käsestangen auf ein gefettetes Backblech legen und im vorgeheizten Backofen bei 180 Grad (Umluft 160 Grad) 10 Min. backen.

Nährwerte pro Rezept
2140 kcal / F 99 g / KH 200 g / E 110 g

Müsli nach Dr. Kousmine

Im Sommer prima mit Heidelbeeren, im Winter passt Orange gut.

▶ Für 1 Person
Preisgünstig ⏲ 15 Min.
+ 8 Stunden Einweichzeit
40 g Magerquark · 1 EL Getreide, geschrotet (bzw. Flocken oder Keimlinge) · 1 TL Leinöl · 50 g Bananen · 1–4 EL Orangensaft nach Bedarf · 80 g Apfel · 30 g Obst der Saison · 1 TL Ölsaaten eingeweicht, gequetscht

- Am Vortag das Getreide schroten und einweichen. Den Quark das Öl und die Bananen mit einem Teil des Saftes pürieren. Die Äpfel reiben, mit dem Obst der Saison, dem Getreide und den Ölsaaten in die Quarkmasse geben.

▶ Variante
Sie können mit verschiedenen Obstsorten – je nach Jahreszeit – oder Getreide bzw. Gewürzen variieren. Hafer wird immer frisch und fein gemahlen oder zu Flocken gequetscht in der Flockenpresse, aber nicht eingeweicht, sonst schmeckt er bitter. Dinkel und andere Getreidearten werden entweder fein gemahlen direkt ins Müsli gegeben oder geschrotet und über Nacht in Wasser eingeweicht oder gekeimt.

Nährwerte pro Portion
250 kcal / F 8 g / KH 34 g / E 9 g

Müsli in Pfirsichcreme

Ein schönes Sommermüsli – am besten mit reifen Pfirsichen.

▶ Für 2 Personen
Gelingt leicht ⏲ 15 Min.
+ 8 Stunden Einweichzeit
2 EL Dinkel · 1 EL Sonnenblumenkerne · 2 Pfirsiche · 1 EL weißes Mandelmus · 2 Äpfel

- Am Vortag den Dinkel grob schroten und über Nacht in 50 ml Wasser einweichen. Die Sonnenblumenkerne in einer Pfanne trocken anrösten, bis sie angenehm duften.
- Die Pfirsiche halbieren, entsteinen, klein schneiden und zusammen mit dem Mandelmus pürieren. Die Äpfel reiben und dazugeben. Zum Schluss die angerösteten Sonnenblumenkerne und das eingeweichte Dinkelschrot daruntermischen.

▶ Variante
Auch in anderen Jahreszeiten als im Sommer gibt es immer passende saisonale Obstsorten.

Nährwerte pro Portion
270 kcal / F 9 g / KH 40 g / E 6 g

Kräutermüsli

Das Müsli ist auch sehr lecker als Brotaufstrich und schmeckt sogar zu Pell- oder Ofenkartoffeln.

▶ Für 2 Personen
Geht schnell ⏲ 10 Min.
100 g Magerquark · 2 EL Olivenöl · 1 Tomate · 1 Minigurke (ca. 100 g) · 2 Basilikumstängel · 2 EL Getreidekeimlinge · Salz | Pfeffer, frisch gemahlen

- Den Magerquark mit dem Olivenöl glatt rühren. Die Tomate und die Gurke in kleine Würfel schneiden. Die Basilikumblätter abzupfen und fein schneiden, zusammen mit den Getreidekeimlingen untermischen. Das Ganze mit Salz und Pfeffer würzen.

Nährwerte pro Rezept
150 kcal / F 10 g / KH 5 g / E 8 g

Schokoaufstrich

Kinder lieben es, wenn sie bei der Herstellung helfen dürfen!

▶ Für 1 Glas

Gelingt leicht ⏲ 10 Min. + 3 Min. Garzeit

250 ml Milch · 3 EL Kakaopulver · 1 Prise Vanille · 1 Prise Salz 30 g Polenta · 50 g fein geriebene Haselnüsse · 1 EL Mandelöl · 60 g Honig

- Die Milch mit dem Kakaopulver, der Vanille und dem Salz aufkochen. Die Polenta und die geriebenen Haselnüsse in die kochende Milch einrühren und 2–3 Min. kochen, bis ein Brei entstanden ist.
- Das Öl und den Honig in die noch heiße Masse einrühren, abschmecken und mit dem Pürierstab fein pürieren. In ein Glas füllen und auskühlen lassen.

▶ Variante

Das Mandelöl kann auch durch Haselnussöl ersetzt werden, mit Mandelöl wird der Schokoaufstrich allerdings noch leckerer. Es besitzt sehr viele mehrfach ungesättigte Fettsäuren – ähnlich wie Haselnuss- und Walnussöl, es schmeckt aber leicht süßlich. Daher ist es gut für Süßspeisen geeignet. Achten Sie darauf, dass Sie Süßmandel- und nicht Bittermandelöl kaufen.

Nährwerte pro Rezept

830 kcal / F 46 g / KH 73 g / E 32 g

Erdbeeraufstrich

Alle wertvollen Inhaltsstoffe der Früchte bleiben erhalten.

▶ Für 1 Glas

Gelingt leicht ⏲ 10 Min. + 1 Stunde Ziehzeit

50 g getrocknete Apfelringe · 200 g Erdbeeren · Honig nach Bedarf

- Die Apfelringe und die Erdbeeren grob schneiden. Zusammen 1 Stunde stehen lassen, damit die Apfelringe etwas einweichen. Anschließend das Ganze pürieren und je nach Geschmack der Beeren mit ein wenig Honig süßen. Ist der Aufstrich noch nicht ganz sämig, nochmals kurz stehen lassen und ein zweites Mal pürieren.

Andere Kombinationen

- Sauerkirschen und getrocknete Feigen
- Zwetschgen und getrocknete Zwetschgen und etwas Zimt
- Mango und getrocknete Apfelringe

Nährwerte pro Rezept

190 kcal / F 2 g / KH 39 g / E 2 g

TIPP

Für diese Art Fruchtaufstrich eignen sich alle reifen Früchte. Die Menge der Trockenfrüchte richtet sich nach dem Wassergehalt der frischen Früchte. Dieser Fruchtaufstrich ist im Kühlschrank 1 Woche haltbar.

Ajvar

Ajvar ist eine würzige Paprikacreme, die aus dem Balkan stammt.

▶ Für 4 Personen
Braucht etwas mehr Zeit
20 Min. + 25 Min. Garzeit

200 g rote Paprika · 150 g Auberginen · 100 g Tomaten · 100 g Zwiebeln · 1 EL Olivenöl · 1 Knoblauchzehe · etwas frischer Chili · Salz

- Paprika und Auberginen im Ofen bei 180 Grad (Umluft 160 Grad) ca. 25 Min. backen. Danach jeweils die Haut abziehen. Den Stielansatz der Tomaten entfernen, die Haut einritzen und 1 Min. dämpfen bzw. kurz in kochendes Wasser geben. Kalt abschrecken, häuten und vierteln.
- Die Zwiebel abziehen, würfeln und im Olivenöl anschwitzen, die Tomatenviertel, den zerdrückten Knoblauch und Chili kurz mitdünsten. Alles zusammen im Mixbecher pürieren und mit Salz und den anderen Gewürzen abschmecken.

▶ Das passt dazu

Ajvar eignet sich gut als Creme oder Würzsauce für allerlei. Im Kühlschrank ist sie 7 Tage haltbar.

Nährwerte pro Rezept

200 kcal / F 11 g / KH 17 g / E 6 g

Tipp

Schneller geht es, wenn Sie das gesamte Gemüse im Ofen garen und anschließend mit den restlichen Zutaten pürieren.

Linsenaufstrich

Ein leichter, vegetarischer Aufstrich, ohne viel Fett.

▶ Für 4 Personen
Gut vorzubereiten ⏱ 15 Min.
+ 20 Min. Garzeit

50 g Zwiebeln · 125 g Karotten · 1 Zweig Majoran · 1 TL Olivenöl · 125 g rote Linsen · 500 ml Gemüsebrühe · 1 EL Tomatenmark · 2 EL Himbeeressig · 2 EL Mandelöl · Salz | Pfeffer, frisch gemahlen

- Zwiebeln und Karotten schälen, klein schneiden und zusammen mit dem Majoran in Olivenöl anschwitzen. Die roten Linsen dazugeben, das Tomatenmark einrühren, mit der Gemüsebrühe und dem Himbeeressig ablöschen.
- Das Ganze so lange kochen lassen, bis sämtliche Zutaten weich sind und die Flüssigkeit verdampft ist. Zusammen mit dem Mandelöl in einen Mixer geben, mit Salz und Pfeffer abschmecken und pürieren.

Nährwerte pro Rezept
670 kcal / F 27 g / KH 73 g / E 31 g

Tipp
Der Aufstrich kann mit 150 g Quark oder Sauerrahm verfeinert werden und hält sich 4–5 Tage im Kühlschrank.

Kürbis-Ziegenfrischkäse-Aufstrich

Schön würzig und nicht so schwer dank reichlich Kürbis.

▶ Für 4 Personen
Gelingt leicht ⏱ 10 Min.
+ 20 Min. Garzeit

1 kleine Zwiebel · ½ TL Olivenöl · 500 g Hokkaido-Kürbis · 1 EL Apfelessig · 1 Msp. Kreuzkümmel · Salz | Pfeffer, frisch gemahlen · 1 EL Senf · 100 g Ziegenfrischkäse (oder normaler Frischkäse)

- Die Zwiebel schälen, fein würfeln und bei mittlerer Hitze in dem Olivenöl andünsten. Den Kürbis waschen, die Kerne entfernen und mit der Schale in 0,5 cm große Würfel schneiden, zu der Zwiebel dazugeben und ganz weich dünsten.
- Alles mit Apfelessig, Kreuzkümmel, Salz und Pfeffer würzen. Senf und Ziegenfrischkäse unterziehen, nochmals abschmecken, in ein geeignetes Gefäß abfüllen und im Kühlschrank aufbewahren.

Nährwerte pro Rezept
330 kcal / F15 g / KH 29 g / E 18 g

Tipp
Ganz lecker und frisch schmeckt der Aufstrich auch, wenn Sie anstelle von Frischkäse Joghurt verwenden. Außerdem kann man den Aufstrich auch ganz fein pürieren.

Bohnenmus

Eine herzhafte Beilage zu Gemüsegerichten.

▶ Für 2 Personen
Preisgünstig ⏱ 1 Stunde
+ 8 Stunden Einweichzeit

100 g getrocknete weiße Bohnen · Lorbeerblatt · Thymian · 50 g Kartoffeln · 2 EL Milch · Trüffelöl, Salz | Pfeffer, frisch gemahlen · Kreuzkümmel

- Die Bohnen über Nacht in kaltem Wasser einweichen. Die Bohnen mit dem Lorbeerblatt und dem Thymian weich kochen. Alternativ können Sie auch 300 g bereits gekochte Bohnen verwenden. Die Kartoffeln in der Schale dämpfen, pellen und mit der Gabel zerdrücken. Die weichen Bohnen pürieren, zum Kartoffelmus geben, mit der Milch und einigen Tropfen Trüffelöl aufschlagen und mit den Gewürzen abschmecken.

▶ Das passt dazu
Eine leckere Beilage zu Gemüsegerichten, wie Piccata (S. 75), aber auch einfach zu gedünstetem Gemüse.

Nährwerte pro Portion
190 kcal / F 2 g / KH 28 g / E 15 g

Auberginendip

Sehr gut passt der Dip zu frisch gebackenem Fladenbrot.

▶ Für 4 Personen
Gelingt leicht ⏲ 15 Min.
+ 30 Min. Garzeit

100 g Quark · 250 g Auberginen · 2 Knoblauchzehen · 50 g Frischkäse · 2 EL Zitronensaft · Salz | Pfeffer, frisch gemahlen

- Den Quark in einem Sieb abtropfen lassen. Die Aubergine mit dem Messer ringsherum anstechen und bei 160 Grad (Umluft 150 Grad) ca. 30 Min. zusammen mit den geschälten Knoblauchzehen im Ofen backen. Danach die Aubergine halbieren und das Fruchtfleisch mit einem Esslöffel aus der Schale herauskratzen.
- Die Aubergine grob schneiden und zusammen mit den anderen Zutaten im Mixbecher oder mit dem Pürierstab zu einer streichfähigen Creme pürieren und abschmecken.

Nährwerte pro Rezept
295 kcal/ F 17 g/ KH 13 g/ E 23 g

Zucchinicreme

Wunderbar mit sehr jungen Zucchini, die noch keine festen Kerne haben.

▶ Für 4 Personen
Preisgünstig ⏲ 10 Min.
+ 15 Min. Garzeit

100 g Kartoffeln · 2 Zucchini · 1 Zwiebel · 1 Knoblauchzehe · 1 TL Olivenöl 1 Zweig Rosmarin · Salz | Pfeffer, frisch gemahlen · 50 g Magerquark oder Sauerrahm · Saft von ½ Zitrone

- Kartoffeln in der Schale dämpfen und danach schälen. Die Zucchini würfeln. Die Zwiebel fein schneiden, die Knoblauchzehe pressen. Knoblauch, Zucchini, Rosmarin und Zwiebeln im Olivenöl bei mäßiger Hitze so lange anbraten, bis die Zucchinistücke weich sind.
- Die Kartoffel zerdrücken, zur Zucchini geben und mit Salz und Pfeffer würzen. Rosmarin herausnehmen und alles pürieren. Quark unterziehen und mit dem Zitronensaft und den Gewürzen abschmecken.

Nährwerte pro Rezept
255 kcal/ F 6 g/ KH 30 g/ E 16 g

Tipp
Schneller geht es, wenn Sie Pellkartoffeln vom Vortag verwenden. Die Zucchinicreme hält sich 4–5 Tage im Kühlschrank.

Kichererbsensnack

Ein fettarmer Snack – prima zum Knabbern.

▶ Für 2 Personen
Gelingt leicht ⏲ 50 Min.
+ 8 Stunden Einweichzeit

100 g Kichererbsen · 400 ml Wasser · 2 Lorbeerblätter · 2 Nelken · je 5 Pfefferkörner und Wacholderbeeren · Tamari · Paprikapulver

- Die Kichererbsen über Nacht im Wasser einweichen. Vor dem Kochen die Lorbeerblätter, Nelken, Pfefferkörner und die Wacholderbeeren dazugeben. Die Kichererbsen weich kochen.
- Die gegarten Kichererbsen auf ein Backblech geben und im vorgeheizten Backofen bei 220 Grad (Umluft 200 Grad) ca. 20 Min. rösten. Die knusprigen Kichererbsen mit Tamari und Paprikapulver würzen und sofort – noch warm – servieren.

▶ Variante
Mit Wasabi und Honig gewürzt entsteht auch eine leckere Variante.

Nährwerte pro Rezept
320 kcal/ F 6 g/ KH 45 g/ E 20 g

Tipp
Die Kichererbsen können auch am Vortag gekocht werden. Geben Sie die Gewürze am besten in einem Papier-Teefilter zu den Kichererbsen, dann ist es nicht so mühsam die Gewürze zu entfernen.

Mangoldröllchen

Sehr italienisch mit Pinienkernen und Rosinen.

▶ Für 2 Personen

Gelingt leicht 20 Min. + 20 Min. Garzeit

8 ganze Mangoldblätter · 1 Zwiebel · 20 g Pinienkerne · 20 g Rosinen · 1 EL Olivenöl · 1 EL Himbeeressig · Salz | Pfeffer, frisch gemahlen · Muskatnuss · Koriander · 1 EL Tomatenmark

- Die Stiele des Mangolds ausschneiden und die 4 schönsten Blätter blanchieren. Die Mangoldstiele und die Zwiebel in Streifen schneiden und in etwas Öl andünsten. Die restlichen Blätter in Streifen schneiden und, kurz bevor die Stiele weich sind, dazugeben.
- Die Pinienkerne ohne Fett anrösten und zusammen mit den Rosinen zum Mangold geben. Alles mit den Gewürzen und dem Essig abschmecken und mit dem Tomatenmark binden.
- Die blanchierten Blätter ausbreiten und mit Salz und Pfeffer etwas würzen. Die Füllung darauf verteilen, Blätter einklappen und aufrollen. Die Mangoldröllchen in eine feuerfeste Form geben und vor dem Servieren 10 Min. im Ofen erhitzen.

▶ Das passt dazu

Die Röllchen schmecken sehr gut zu Vollkornpfannkuchen oder Waffeln. Auch prima mit Auberginen- oder Joghurtdip.

Nährwerte pro Portion

170 kcal/ F 11 g/ KH 11 g/ E 6 g

Tipp

Das Erwärmen der Mangoldröllchen ist auch in der Pfanne mit etwas Flüssigkeit oder im Dampf möglich.

Linsenkroketten

Die Kroketten sind reich an Eiweiß und komplexen Kohlenhydraten.

▶ Für 2 Personen

Preisgünstig 15 Min. + 45 Min. Garzeit

100 g Linsen · 200 ml Wasser · 2 Lorbeerblätter · 50 g Karotten · 50 g Sellerie · 50 g Lauch · Tamari · Kreuzkümmel · Pfeffer · 3 EL Vollkorn-Semmelbrösel · 1 Ei · 2 EL Weizenvollkornmehl

- Die Linsen mit den Lorbeerblättern in einen Topf geben und in dem Wasser weich kochen. Zum Schluss sollte das ganze Wasser verkocht sein. Karotten und Sellerie fein reiben, den Lauch fein schneiden.
- Das Gemüse in einer Pfanne anbraten, mit Kreuzkümmel, Pfeffer und Tamari würzen. Alles zu den weichen Linsen geben und 5 Min. nachquellen lassen. Die Masse mit 2 Löffeln oder in der Hand zu Nocken formen und auf eine Platte legen.
- Das Ei mit dem Mehl verrühren. Die leicht abgekühlten Nocken zuerst im Ei-Mehl-Gemisch und dann in den Bröseln wenden. Bei mittlerer Hitze in der Pfanne ausbraten oder im Ofen backen.

▶ Das passt dazu

Sehr lecker zu Kürbisgemüse.

Nährwerte pro Portion

280 kcal/ F 4 g/ KH 41 g/ E 19 g

WISSEN

Tamari

Tamari ist eine fermentierte Würzsauce aus Sojabohnen und Meersalz – etwas stärker in Geruch und Geschmack als die herkömmliche Sojasauce.

Spargelmousse

Als Mousse haben Sie Spargel bestimmt noch nie gegessen!

▶ Für 2 Personen

Braucht etwas mehr Zeit ⏲ 30 Min. + 40 Min. Garzeit

150 g Kartoffeln · 1 kg Spargel · 50 g Magerquark · 1 EL Mandelöl · 2 Eier · Salz · Cayennepfeffer

- Die Kartoffeln in der Schale dämpfen und pellen. Den Spargel schälen. Die Spargelspitzen auf etwa 3 cm abschneiden und beiseitelegen. Den restlichen Spargel weich dämpfen. Gegarten Spargel, die Kartoffeln, den Quark, die Eier, die Hälfte des Öls, je eine Prise Salz und Pfeffer miteinander pürieren und danach nochmals abschmecken.
- Mit dem restlichen Öl eine feuerfeste Form ausfetten und die Spargelmousse einfüllen. Im Dampf oder im Ofen in einer feuerfesten Form mit Wasser ca. 25 Min. garen. Die Spargelspitzen kurz vor dem Servieren in etwas Olivenöl andünsten und mit Salz und wenig Cayennepfeffer würzen. Die Mousse leicht abkühlen lassen, auf Teller stürzen und zusammen mit den Spargelspitzen servieren.

▶ Das passt dazu

Schmeckt prima zu Kartoffeln oder roten Kartoffelperlen: Hierfür 300 g Kartoffelkugeln (aus frischen Kartoffeln mit einem Melonenausstecher herausschneiden) in 400 ml Rote-Bete-Saft weich kochen. Servieren Sie alles zusammen mit der Grundsauce – mit etwas Mandelöl und Estragon verfeinert.

Nährwerte pro Portion

290 kcal/ F 11 g/ KH 23 g/ E 22 g

Tipp

Sie können problemlos Pellkartoffeln vom Vortag verwenden.

Lauchmousse mit Apfelvinaigrette

Eine schöne Vorspeise oder ein leichtes Abendessen im Winter.

▶ Für 2 Personen

Preisgünstig ⏲ 40 Min. + 2 Stunden Kühlzeit

300 g Lauch (weiße Teile) · 150 ml Wasser · 1 TL Agar Agar · Salz | Pfeffer, frisch gemahlen · 125 g Frischkäse · Cayennepfeffer · 2 EL Rapsöl · 1 EL Weißweinessig oder Zitronensaft · 50 g Apfel · frisch geriebener Meerrettich

- Den Lauch putzen, waschen, in Streifen schneiden und leicht andünsten. Wasser, Agar Agar und etwas Salz im geschlossenen Topf ca. 20 Min. weich dünsten. Danach das Ganze mindestens 2 Stunden kalt stellen. Die feste Lauchmasse in einem Mixer fein pürieren und den Frischkäse unterziehen.
- Das Rapsöl mit dem Essig vermischen. Den Apfel sehr, sehr fein schneiden, zum Dressing geben, etwas Meerrettich hineinreiben und mit Salz und Pfeffer würzen. Zum Servieren die Mousse in Nockenform abstechen oder in kleine Gläser füllen und mit der Apfelvinaigrette beträufeln. Eventuell mit gekochten, kleinen Rote-Bete-Würfeln garnieren.

Nährwerte pro Portion

365 kcal/ F 30 g/ KH 11 g/ E 12 g

Tipp

Wenn Sie den Apfel nicht so fein schneiden können, reiben Sie diesen ganz fein oder pürieren Sie ihn zusammen mit dem Essig und Öl.

▶ Lauchmousse mit Apfelvinaigrette

Rote-Bete-Mousse

Eine edle Vorspeise oder auch prima Beilage zu Räucherfisch.

▶ Für 2 Personen
Gut vorzubereiten ⏲ 15 Min.
+ 1 Stunde Garzeit

300 g Rote Bete · frisch geriebener Meerrettich · 50 g Quark · 1 EL Balsamico bianco oder Weißweinessig · gemahlener Kümmel · Salz | Pfeffer, frisch gemahlen

- Die Rote Bete etwa 25 Min. weich kochen. Wenn man mit dem Messer widerstandslos hineinstechen kann und sich das Messer herausziehen lässt, sind die Knollen gar. Rote Bete kurz auskühlen lassen und schälen.
- Danach in kleine Stücke schneiden, in einen Mixbecher geben, etwas Meerrettich dazureiben und zusammen mit dem Quark und den Gewürzen mixen. Mit Balsamico abschmecken, gegebenenfalls nochmals nachwürzen.

Nährwerte pro Portion
80 kcal / F 0 g / KH 13 g / E 6 g

Tipp
Für ein Festessen ist es eine schöne Idee, aus der Mousse, dem Carpaccio und dem Rote-Bete-Macchiato eine Trilogie von Roter Bete zu servieren.

Topinamburmousse

Sehr schön ist ein Duett von Topinambur- und Rote-Bete-Mousse.

▶ Für 2 Personen
Gelingt leicht ⏲ 10 Min.
+ 20 Min. Garzeit

300 g Topinambur · 50 g Lauch (weiße Teile) · 1 TL Olivenöl · 1 EL Walnussöl · Salz | Pfeffer, frisch gemahlen · Zitronensaft

- Die Topinamburknollen und den Lauch waschen und fein schneiden. Das Olivenöl in einem Topf leicht erhitzen, das Gemüse dazugeben, etwas Wasser angießen und mit geschlossenem Deckel weich dünsten.
- Die ganze Flüssigkeit sollte zum Schluss verdampft sein. Das Gemüse in einen Mixbecher geben, das Walnussöl, Salz, Pfeffer und etwas Zitronensaft dazugeben und alles ganz fein pürieren. Kräftig abschmecken.

Nährwerte pro Portion
120 kcal / F 8 g / KH 7 g / E 4 g

Tipp
Die Topinamburknollen brauchen nicht geschält zu werden.

Zucchinitürmchen

Schmeckt am besten aus jungen Zucchini.

▶ Für 2 Personen
Gelingt leicht ⏲ 20 Min.
+ 30 Min. Ziehzeit

1 Tomate · 1 TL Honig · 50 g Cashewnüsse · 1 EL gehackter Basilikum · Salz | Pfeffer, frisch gemahlen · Knoblauch · 200 g Zucchini

- Die Tomate waschen, den Stielansatz herausschneiden und die Tomate zusammen mit dem Honig pürieren. Die Cashewnüsse fein reiben, die Tomaten dazugeben und glatt rühren. Das Ganze mit dem Basilikum und den Gewürzen abschmecken.
- Die Zucchini gleichmäßig schneiden, die Scheiben mit der Tomaten-Cashew-Masse bestreichen und übereinander schichten. Die Türmchen etwa eine halbe Stunde durchziehen lassen.

Nährwerte pro Portion
215 kcal / F 12 g / KH 18 g / E 8 g

Italienische Antipasti

Schmeckt kalt und warm!

▶ Für 2 Personen

Gut vorzubereiten ⏲ 10 Min. + 20 Min. Garzeit

1 Zucchini · 1 rote Paprika · 1 gelbe Paprika · 1 Zwiebel · Salz | Pfeffer, frisch gemahlen · Saft und Schale von 1 Zitrone · 2 Zweige Rosmarin · Thymian · 3 EL Balsamico-Essig · 2 EL Olivenöl

- Die Zucchini in 1 cm breite Scheiben schneiden, die Paprika halbieren, entkernen und in 1 cm breite Streifen schneiden. Die Zwiebel halbieren und gleichmäßige Spalten schneiden, die an der dicksten Seite nicht breiter als 1 cm sein sollten.
- Das so vorbereitete Gemüse auf ein Backblech geben, salzen und pfeffern. Zitronensaft und -schale sowie Thymian und Rosmarin über dem Gemüse verteilen.
- Das Gemüse ca. 20 Min. bei 170 Grad (Umluft 150 Grad) im Ofen backen. Anschließend die Kräuter entfernen. Essig und das Öl auf das noch heiße Gemüse geben, vermischen und auf einer Platte anrichten.

Nährwerte pro Portion

160 kcal / F 11 g / KH 12 g / E 4 g

Geben Sie Essig und Öl auf das noch heiße Gemüse, damit der Geschmack besser einziehen kann. Die Antipasti lässt sich auch einige Tage im Kühlschrank aufbewahren.

Spargelkonfekt

Eine schöne Kleinigkeit für Gäste!

▶ Für 2 Personen

Gelingt leicht ⏲ 45 Min. + 15 Min. Garzeit

100 g Magerquark · 100 g Frischkäse · 300 g Spargel · 1 TL Estragon · Salz | Pfeffer, frisch gemahlen · 20 g Pinienkerne · 3 Scheiben Knäckebrot · Zitronenbasilikum

- Den Quark auf einem Sieb 30 Min. abtropfen lassen und zusammen mit dem Frischkäse aufschlagen. Den Spargel schälen, auf einer Reibe in feine Blättchen reiben, die Köpfe ca. 5 cm lang lassen und weich dämpfen. Den Estragon zupfen, fein schneiden und zusammen mit dem geriebenem Spargel, Salz und Pfeffer unter die Quarkmasse heben.
- Die Pinienkerne anrösten, abkühlen lassen und zusammen mit dem Knäckebrot in einer Nussmühle oder Käsereibe fein reiben. Den Zitronenbasilikum zupfen, fein schneiden, mit den Pinienkernen und dem Knäckebrot mischen und diese Mischung in einen Teller geben.
- Von der Quark-Spargel-Masse Kugeln formen oder mit 2 Löffeln Klößchen abstechen, in der Panade wälzen und auf eine Platte geben. Mit den gedämpften Spargelspitzen servieren.

▶ Variante

Wer den Spargel nicht roh mag, der kann ihn leicht dämpfen; er muss aber sehr al dente sein, sonst kann er nicht gerieben werden.

Nährwerte pro Rezept

675 kcal / F 43 g / KH 33 g / E 39 g

Ziegenkäsebällchen mit Thymianhonig

Die Bällchen sind ein sehr schöner Appetizer.

▶ Für 2 –4 Personen

Geht schnell ⏲ 20 Min.

2 Thymianzweige · 100 g Waldhonig · 100 g Magerquark · 200 g Ziegenfrischkäse · Salz | Pfeffer, frisch gemahlen · 20 g Walnusskerne

- Für den Thymianhonig die Thymianblättchen abzupfen, fein hacken und unter den Honig ziehen. Der Honig sollte mindestens 2 Stunden durchziehen, darf aber gerne auch mehrere Tage so aufbewahrt werden.
- Für die Bällchen den Quark auf ein Sieb geben und abtropfen lassen, mit dem Ziegenfrischkäse mischen, mit Salz und Pfeffer würzen. Die Walnüsse sehr fein reiben oder hacken.
- Kleine Kugeln à 15 g formen und in den geriebenen Nüssen wälzen. Vor dem Servieren mit dem Thymianhonig beträufeln oder die Hälfte darin eintauchen.

Nährwerte pro Rezept

855 kcal / F 40 g / KH 88 g / E 34 g

WISSEN

Raffinierte Kombinationen mit Rotkohleis

Am besten schmeckt es, wenn Sie Rotkohl und Apfel über Nacht marinieren. Das Rotkohleis ist übrigens ein ganz normales Rezept für Rotkohlgemüse. Zum Schluss wird dann das Mandelöl untergehoben. Sie können also ganz normal Rotkohl kochen und einen Teil mit der entsprechenden Menge Öl vermischt einfrieren. Das Eis gibt vielen herzhaften Gerichten den richtigen Kick, z. B. dem Maronensoufflé (S. 64) oder dem Sellerie-Cordonbleu (S. 83). Es kann aber auch zu Fleischgerichten serviert werden.

Rotkohleis

Das Eis gibt vielen herzhaften Gerichten den richtigen Kick.

▶ Für 2 Personen

Gut vorzubereiten ⏲ 1 Stunde + 2 –4 Stunden Kühlzeit

500 g frischer Rotkohl · 1 Apfel · 50 ml Apfelsaft · Nelke · Zimt · Lorbeerblatt · 1 Zwiebel · 50 g Kartoffeln · Salz | Pfeffer, frisch gemahlen · 2 EL Mandelöl

- Den Rotkohl waschen, putzen und in Streifen schneiden. Den Apfel vierteln, vom Kerngehäuse befreien, feinblättrig schneiden und im Apfelsaft und den Gewürzen marinieren. Die Zwiebeln anschwitzen und mit dem Rotkohl weich kochen. Die Kartoffel schälen und ganz fein in den Rotkohl reiben. Weitere 10 Min. kochen lassen – das dickt den Kohl an – und mit Salz und Pfeffer nochmals abschmecken.
- Die Konsistenz mit ein wenig Gemüsebrühe oder Apfelsaft einstellen. Das Mandelöl unterheben, in eine Form füllen, abkühlen lassen und alles einfrieren. Den gefrorenen Rotkohl in einer Moulinette, im Thermomix oder mittels eines Fleischwolfs fein zerkleinern. Mit dem Schneebesen aufrühren und zum Schluss auf den Teller geben.

Info: Mandelöl ist im Gegensatz zu anderen Ölen nicht sehr dominant im Geschmack und leicht süßlich, was gut zu diesem Rezept passt.

Nährwerte pro Portion

225 kcal / F 11 g / KH 27 g / E 5 g

Du Puy Linsen mit Radicchio

Der Salat schmeckt nach ein paar Stunden noch besser.

▶ Für 2–4 Personen

Braucht etwas mehr Zeit ⏲ 15 Min. + 45 Min. Kochzeit

200 g Du Puy Linsen (bzw. Tellerlinsen) · 1 Zweig Rosmarin · 2 Knoblauchzehen · 3 EL Olivenöl · 1 TL Senf · 4 EL Balsamico-Essig · Salz | Pfeffer, frisch gemahlen · Cayennepfeffer · 100 g Radicchio · 30 g Rukola

- Die Linsen mit dem Rosmarin und dem Knoblauch in 500 ml ungesalzenem Wasser weich kochen – das dauert etwa 30–45 Min. Aus dem Balsamico-Essig, dem Olivenöl, dem Senf und den Gewürzen die Marinade herstellen und die gekochten Linsen damit vermengen.
- Den Radicchio und Rukola in feine Streifen schneiden und unter die erkalteten Linsen heben, nochmals abschmecken.

Nährwerte pro Portion

450 kcal / F 17 g / KH 48 g / E 25 g

Tipp

Der Salat ist für 2 Personen etwas viel, doch er lässt sich gut aufbewahren, z. B. zum Mitnehmen ins Büro.

SALATE UND SUPPEN

Brokkoli-Birnen-Cashew-Salat

Fruchtig und nussig – eine feine Frischkost.

▶ Für 2 Personen

Gelingt leicht ⏲ 15 Min.

30 g Cashewnüsse · 1 EL Haselnussöl · 1 EL Himbeeressig · Saft von ½ Orange · Salz | Pfeffer, frisch gemahlen · 50 g fettarmer Joghurt · 250 g Brokkoli · 100 g Birne

- Die Cashewnüsse ohne Fett in einer Pfanne anrösten und fein hacken. Die restlichen Zutaten bis auf Brokkoli und Birne zusammenrühren und die Cashewnüsse dazugeben.
- Mit einem Messer vom Brokkolistiel die Schale abziehen. Den Brokkoli mit einer Reibe direkt in die Marinade reiben. Das Kerngehäuse der Birne entfernen und die Birne in die Marinade reiben. Alles vermengen und gegebenenfalls mit den Gewürzen nochmals nachwürzen.

Nährwerte pro Portion

230 kcal / F 13 g / KH 16 g / E 9 g

Chicorée-Orangen-Salat

Ein typischer Wintersalat, lecker auch mit italienischen Blutorangen.

▶ Für 2 Personen

Preisgünstig 10 Min.

1 Orange · 50 g Joghurt · 50 g Buttermilch · frisch geriebener Meerrettich · Honig · Tomatenmark · Salz · 200 g Chicorée

- Die Orange halbieren, die eine Hälfte auspressen, die andere Hälfte schälen. Aus Joghurt, Buttermilch, etwas Meerrettich, dem Orangensaft, ein wenig Honig und Tomatenmark sowie Salz die Marinade zusammenrühren.
- Den Chicorée halbieren, den Strunk entfernen und den Chicorée in feine Streifen schneiden. Die halbe Orange ebenfalls fein schneiden und zusammen mit dem Chicorée in die Marinade geben.

Nährwerte pro Portion

75 kcal/ F 1 g/ KH 11 g/ E 4 g

Spargelfrischkost

Die Avocadosauce können Sie auch gut zu gekochtem Spargel servieren.

▶ Für 2 Personen

Braucht etwas mehr Zeit 20 Min. + 10 Min. Garzeit

500 g Spargel · 50 g Avocado · 2 EL Mandelöl · 2 EL Zitronensaft · 4 EL Spargelfond · Salz | Pfeffer, frisch gemahlen · 100 g Erbsschoten (junge Erbsen in der Schote) · 100 g Radieschen · 1 EL Dill

- Den Spargel schälen. Die Spitzen ca. 3 cm lang abschneiden und in Wasser mit etwas Zitrone und Salz weich kochen. Avocado, Mandelöl, Zitronensaft und Spargelfond pürieren. Mit Salz und Pfeffer abschmecken.
- Die rohen Spargelstangen auf einem Gemüsehobel in feine Scheiben reiben, die Zuckerschoten in feine Streifen und die Radieschen feinblättrig schneiden. Alles sofort zur Sauce geben und abschmecken. Den Dill zupfen, fein schneiden und zugeben. Den Salat mit den gekochten Spargelköpfen garnieren.

Nährwerte pro Portion

210 kcal/ F 14 g/ KH 13 g/ E 8 g

Selleriesalat mit Nussdressing

Ein kräftiger Wintersalat, sättigend und verfeinert mit Haselnüssen.

▶ Für 2 Personen

Preisgünstig 10 Min.

1 Orange · 50 g Haselnüsse (oder gemischte Nüsse) · 2 EL Salatölmischung (Kombination aus überwiegend Rapsöl, Sesam-, Kürbiskern- und etwas Olivenöl) · 2 EL Weißweinessig · Salz | Pfeffer, frisch gemahlen 300 g schöne Sellerieknolle

- Die Orange halbieren. Die eine Hälfte auspressen, die andere Hälfte schälen und klein schneiden. Die Haselnüsse anrösten und fein reiben oder hacken. Für die Marinade die restlichen Zutaten vermischen.
- Sellerie schälen, sehr fein direkt in die Marinade reiben, vermischen, kurz ziehen lassen und abschmecken.

Nährwerte pro Portion

300 kcal/ F 26 g/ KH 8 g/ E 7 g

Tipp

Durch das Rapsöl hat die Mischung viele Omega-3-Fettsäuren, die anderen Öle runden den Geschmack ab.

Kohlrabi-Apfel-Salat

Mit guten Grundzutaten dürfen Salate auch etwas einfacher sein.

▶ Für 2 Personen

Geht schnell 10 Min.

3 EL Balsamico bianco · 4 EL Rapsöl · Salz | Pfeffer, frisch gemahlen · 200 g Kohlrabi · 100 g Apfel

- Essig, Öl, Salz und Pfeffer in eine Schüssel geben und verrühren. Den Kohlrabi schälen und direkt in die Salatsauce reiben und verrühren. Den Apfel mit der Schale ebenfalls reiben, untermengen und abschmecken.

▶ Variante

Das Dressing schmeckt prima mit Senf und Kräutern.

Nährwerte pro Portion

235 kcal / F 20 g / KH 11 g / E 2 g

Kohlrabicarpaccio

Schmeckt wunderbar mit gehobeltem Parmesan oder Pecorino.

▶ Für 2 Personen

Braucht etwas mehr Zeit 15 Min. + 1 Stunde Ziehzeit

4 EL Kürbiskernöl · 2 EL Weißweinessig · Salz | Pfeffer, frisch gemahlen 200 g Kohlrabi · 1 EL Kürbiskerne · ½ Bund Schnittlauch

- Kürbiskernöl, Essig, Salz und Pfeffer zusammenrühren. Den Kohlrabi schälen und in sehr dünne Blättchen hobeln. Diese Scheiben fächerförmig auf eine Platte auslegen, mit der Marinade bestreichen und mindestens 1 Stunde ziehen lassen.
- Die Kürbiskerne anrösten, den Schnittlauch in Röllchen schneiden und vor dem Servieren darüberstreuen.

Nährwerte pro Portion

235 kcal / F 23 g / KH 4 g / E 4 g

Tipp

Besonders feine Scheiben kriegen Sie mit dem Trüffelhobel hin.

Rote-Bete-Salat

Rote Bete schmeckt auch roh!

▶ Für 2 Personen

Geht schnell 10 Min.

2 EL Walnussöl · 50 ml Apfelsaft · 2 EL Apfelessig · Salz | Pfeffer, frisch gemahlen · Kümmel · etwas frischer Meerrettich · 300 g Rote Bete · 1 Apfel

- Öl, Apfelsaft, Essig, Salz, Pfeffer und Kümmel für die Marinade zusammenrühren. Den frischen Meerrettich hineinreiben. Schadhafte Stellen der Rote-Bete-Knollen entfernen, die Knollen müssen aber nicht komplett geschält werden.
- Rote Bete mit einer feinen Reibe direkt in die Marinade reiben. Den Apfel mit einer etwas gröberen Reibe ebenfalls dazureiben, alles vermengen und nochmals abschmecken.

▶ Variante

Als Variation geben Sie zu diesem Salat noch 200 g frisches Sauerkraut dazu.

Nährwerte pro Portion

180 kcal / F 10 g / KH 19 g / E 2 g

Hüttenkäse-Salat

Kunterbunt mit viel hochwertigem Eiweiß.

▶ Für 2 Personen

Gelingt leicht ⏲ 10 Min.

150 g Hüttenkäse · 1 EL Weißweinessig · 1 EL Olivenöl · 100 g rote Paprika · 40 g Lauchzwiebeln · 75 g Apfel · 2 EL Rukola · Salz | Pfeffer, frisch gemahlen

- Den Hüttenkäse in eine Schüssel geben und mit Essig und Öl verrühren. Paprika und Lauchzwiebeln in feine Streifen, den Apfel in kleine Würfel schneiden und zum Hüttenkäse geben.
- Den Rukola fein schneiden und zusammen mit dem Salz und Pfeffer unter den Salat mischen. Nochmals, wenn nötig, mit Salz und Pfeffer abschmecken.

Nährwerte pro Portion

165 kcal/ F 8 g/ KH 11 g/ E 10 g

Tipp

Der Hüttenkäsesalat eignet sich gut, um ausgehöhlte Tomaten oder Minigurken zu füllen. Schmeckt auch zu einer Pellkartoffel sehr lecker.

Tomatenconsommé mit Basilikumklößchen

Eine feine Suppe, prima als Vorspeise eines mehrgängigen Menüs.

▶ Für 1,5 Liter Suppe
Braucht etwas mehr Zeit
30 Min. + 1½ Stunden Garzeit

Für die Consommé:

1 Zwiebel
200 g frische Tomaten
50 g Lauch
50 g Knollensellerie
50 g Karotten
2 Knoblauchzehen
2 EL Tomatenmark
1,5 l Gemüsebrühe oder Wasser
Salz | Pfeffer, frisch gemahlen
je 1 Sträußchen Basilikum und Rosmarin

Zur Klärung der Suppe:

40 g Karotten
40 g Knollensellerie
40 g Lauch (weißer Teil)
3 Eiklar
1 EL Balsamico-Essig

Für die Klößchen:

40 g Hafer
100 g Magerquark
1 Ei
2 EL Basilikum
Salz | Pfeffer, frisch gemahlen

- Die Zwiebel in Streifen schneiden, das restliche Gemüse putzen und in walnussgroße Würfel schneiden. Zusammen mit dem Knoblauch andünsten. Das Tomatenmark dazugeben und kurz mitdünsten. Mit der Flüssigkeit aufgießen, mit Salz und Pfeffer würzen, den Kräuterstrauß dazugeben und bei milder Hitze 1 Stunde ziehen lassen.
- Die Tomatenbrühe vorsichtig durch ein Haarsieb gießen, kräftig abschmecken und kalt stellen. Das Klärgemüse fein reiben, Eiklar kurz anschlagen und dazugeben. Alles zusammen in die erkaltete Tomatenbrühe geben und auf dem Herd unter anfänglichem Rühren kurz aufkochen und danach ca. 15 Min. ziehen lassen.
- Das geronnene Eiweiß samt Gemüse abschöpfen und die verbleibende Brühe durch ein feines Tuch gießen. Zum Schluss den Balsamico zugeben.
- Den Hafer grob mahlen und in der trockenen Pfanne darren. Quark, Ei und Hafer vermischen, den Basilikum fein schneiden, zugeben und mit Salz und Pfeffer abschmecken. Kleine Klößchen abstechen, in leicht siedendem Wasser kurz ziehen lassen und in der Suppe servieren.

Info: Andarren ist das trockene Anrösten von Getreide oder Saaten in Topf, Pfanne oder im Ofen.

Nährwerte pro Rezept
425 kcal / F 10 g / KH 51 g / E 31 g

Falls Sie keine Getreidemühle besitzen, um den Hafer zu mahlen, verwenden Sie grobe Haferflocken und rösten Sie diese ebenfalls in der Pfanne ohne Fettzugabe an. Die Suppe muss übrigens nicht geklärt werden, falls Sie sich Arbeit sparen möchten. Sie können die Tomatenbrühe einfach – ohne sie zuvor zu klären – durch ein feines Sieb gießen.

Limettensüppchen

Mit etwas Vollkornbaguette ein schönes leichtes Abendessen.

▶ Für 1 Liter Suppe
Gelingt leicht
10 Min. + 15 Min. Garzeit

125 g Lauch · 125 g Sellerie · 125 g Fenchel · 75 g Petersilienwurzel · 1 l Wasser · 2 EL Walnussöl · Salz · Cayennepfeffer · etwas Currypulver · Saft und Schale von 2 Limetten

- Gemüse putzen und in walnussgroße Würfel schneiden. Bei mittlerer Hitze anschwitzen, bis es angenehm duftet. Mit dem Wasser auffüllen und so lange kochen lassen, bis das Gemüse weich ist.
- Das Ganze in einen Mixbecher geben, das Walnussöl und die Gewürze zugeben und alles fein sämig pürieren. Limettenschale und -saft nach und nach hinzufügen. Zwischendurch abschmecken, bis sich eine angenehme Säure eingestellt hat.

Nährwerte pro Rezept
315 kcal / F 22 g / KH 22 g / E 8 g

Maroni-Macchiato

Ein wahrer Augenschmaus, in der Tasse oder im Glas serviert.

▶ Für 1 Liter Suppe
Gelingt leicht
20 Min. + 35 Min. Garzeit

50 g Lauch (weiße Teile) · 50 g Petersilienwurzel · 50 g Pastinake · 50 g Fenchel · 50 g Sellerie · 250 g Maroni (gibt es vorgegart zu kaufen) · 750 ml Wasser · 250 ml Sojamilch (ungesüßt) · Salz | Pfeffer, frisch gemahlen
250 ml fettarme Milch · 1 TL Koriandersamen

- Das Gemüse walnussgroß würfeln. Bei mittlerer Hitze anschwitzen, bis es angenehm duftet. Die Maroni zugeben, mit dem Wasser und der Sojamilch auffüllen und so lange kochen, bis das Gemüse weich ist. Mit Salz und Pfeffer abschmecken und sämig pürieren.
- Für den Schaum die Milch (fettarme schäumt besondes gut) mit den Koriandersamen aufkochen und ca. 20 Min. ziehen lassen. Die Milch durch ein Sieb gießen und kurz vor dem Servieren mit einem Pürierstab, Schneebesen oder Milchaufschäumer aufschäumen. Zuerst die heiße Maronensuppe in die Tasse füllen, dann den Schaum darüber verteilen und sofort servieren.

Nährwerte pro Rezept
820 kcal / F 1 g / KH 11 g / E 3 g

Rote-Bete-Cremesuppe

Die Suppe erinnert an Borschtsch, ist aber sämiger.

▶ Für 1,5 Liter Suppe
Gelingt leicht
10 Min. + 20 Min. Garzeit

400 g Rote Bete · 160 g Kartoffeln · 30 g Lauch · 1 TL Olivenöl · 1,5 l Gemüsebrühe · 2 Lorbeerblätter · 1 EL Apfelessig · 1 TL Meerrettich, frisch gerieben · Salz | Pfeffer, frisch gemahlen

- Rote Bete und Kartoffeln in walnussgroße Würfel, den Lauch in feine Streifen schneiden und im Olivenöl anschwitzen. Mit der Gemüsebrühe auffüllen, die Lorbeerblätter dazugeben und bei milder Hitze weich kochen.
- Die Lorbeerblätter herausnehmen und die Suppe im Mixer pürieren. Währenddessen den Apfelessig, den Meerrettich, die Gewürze zugeben und abschmecken.

Nährwerte pro Portion
75 kcal / F 5 g / KH 5 g / E 1 g

Spargelsuppe

Eine leckere Variante, die kaum Fett enthält.

▶ Für 1 Liter Suppe
Gelingt leicht
10 Min. + 20 Min. Garzeit
500 g Spargel · 3 kleine Kartoffeln · ½ Zwiebel · 1 l Wasser · etwas Zitronensaft · Salz | Pfeffer, frisch gemahlen · 1 EL Walnussöl · 1 TL Estragon oder Dill

- Den Spargel und die Kartoffeln schälen. Die Zwiebel in Streifen schneiden und im Topf bei mittlerer Hitze anschwitzen. Den Spargel und die Kartoffeln fein schneiden, die Spargelspitzen ganz lassen. Alles in den Topf geben und bei mittlerer Hitze dünsten, bis es angenehm duftet.
- Mit dem Wasser auffüllen und so lange kochen lassen, bis das Gemüse weich ist. Die Spargelspitzen herausnehmen. Die Suppe im Mixer mit dem Öl und dem Zitronensaft sämig pürieren, nochmals abschmecken. Die Spargelspitzen klein schneiden und wieder zur Suppe geben. Vor dem Servieren die gehackten Kräuter in die Suppe geben.

Nährwerte pro Rezept
320 kcal / F 11 g / KH 40 g / E 14 g

Tomatencoulis

Für diese Suppe sollten die Tomaten von bester Qualität sein.

▶ Für 2 Personen
Preisgünstig
10 Min. + 30 Min. Garzeit
500 g reife Tomaten · 2 kleine Zwiebeln · 2 EL Olivenöl · 2 Knoblauchzehen · 1 Zweig Rosmarin

- Den Stielansatz der Tomaten entfernen und die Tomaten in 1 cm große Würfel schneiden. Die Zwiebel fein schneiden und in ganz wenig Olivenöl anbraten.
- Die Tomaten und den Rosmarinzweig dazugeben, den Knoblauch hineinpressen und ca. 30 Min. zugedeckt bei kleiner Hitze ziehen lassen. Den Rosmarinzweig entnehmen, mit Salz und Pfeffer würzen und zum Schluss mit dem Olivenöl verfeinern.

▶ Variante
Etwas aufwendiger ist die Zubereitung, wenn Sie die Tomaten vorher häuten. Hierzu die Tomaten kreuzförmig einschneiden und mit kochendem Wasser überbrühen. Mit kaltem Wasser abschrecken und die Haut abziehen.

Nährwerte pro Rezept
200 kcal / F 11 g / KH 17 g / E 6 g

Topinambursüppchen

Topinambur macht die leichte Suppe schön sämig.

▶ Für 2 Personen
Gelingt leicht
10 Min. + 10 Min. Garzeit
100 g Topinambur · 70 g Lauch · 70 g Sellerie · ½ l Gemüsebrühe · 50 ml Milch · 1 EL Walnussöl · Salz · Cayennepfeffer · etwas Currypulver

- Topinambur, Lauch und Sellerie putzen und klein schneiden. Die klein geschnittenen Gemüse bei mittlerer Hitze in der Gemüsebrühe weich kochen. Die Suppe mit der Milch und dem Öl in den Mixer geben, fein pürieren und mit den Gewürzen abschmecken.

Nährwerte pro Portion
45 kcal / F 3 g / KH 3 g / E 2 g

Pastinaken-Kokos-Suppe

Im Herbst und Winter ein schönes, wärmendes Süppchen.

▶ **Für 1 Liter Suppe**

Preisgünstig ⏲ **10 Min. + 15 Min. Garzeit**

200 g Pastinaken · 50 g Kartoffeln · 40 g Lauch (weiße Teile) · 50 g Kokosflocken · 1 l Wasser · 1 EL Walnussöl · Salz · Muskatnuss

- Das Gemüse in walnussgroße Würfel schneiden. Bei mittlerer Hitze anschwitzen, bis es angenehm duftet. Die Kokosflocken dazugeben und so lange mitrösten, bis diese leicht braun sind. Mit dem Wasser auffüllen und so lange kochen lassen, bis das Gemüse weich ist.
- Das Walnussöl dazugeben und alles fein sämig mixen. Bei Bedarf noch etwas Flüssigkeit hinzufügen, um die gewünschte Menge und Konsistenz zu erhalten. Nach Belieben nachwürzen und etwas gemahlene Muskatnuss hinzufügen.

Nährwerte pro Rezept

565 kcal / F 44 g / KH 35 g / E 8 g

Tipp

Meist lassen sich die Kokosflocken nicht ganz sämig pürieren. Falls Sie das stört, gießen Sie die Suppe durch ein Sieb.

Rote-Bete-Macchiato

Die Suppe sieht im Glas angerichtet herrlich aus – prima für Gäste.

▶ **Für 1 Liter Suppe**

Preisgünstig ⏲ **15 Min. + 30 Min. Garzeit**

75 g Kartoffeln · 180 g Rote Bete · 20 g Lauch · 2 Lorbeerblätter · Wacholderbeeren · 1 l Wasser · 1 EL Walnussöl · 1 TL Apfelessig · 200 ml fettarme Milch · 1 EL frisch geriebener Meerrettich · 1 Msp. Piment d'Espelette

- Kartoffeln und Rote Bete in walnussgroße Würfel, den Lauch in feine Streifen schneiden und alles zusammen mit dem Lorbeerblatt und den Wacholderbeeren bei mittlerer Hitze anschwitzen, bis es angenehm duftet. Mit dem Wasser auffüllen und so lange kochen lassen, bis das Gemüse weich ist.
- Die Lorbeerblätter und Wacholderbeeren herausnehmen und die Suppe im Mixer pürieren, währenddessen Apfelessig, Öl und die Gewürze zugeben und abschmecken. Falls die Suppe zu sämig sein sollte, lässt sich mit Wasser oder Gemüsebrühe die Konsistenz einstellen.
- Die Milch mit Meerrettich und Piment d'Espelette ca. 15 Min. köcheln lassen, durch ein Sieb gießen und mit dem Pürierstab, Schneebesen oder Milchaufschäumer aufschäumen. Die Milch sollte nicht zu heiß sein, sie schäumt sonst schlecht. Die Suppe in ein Glas füllen, den Milchschaum mit dem Löffel daraufgeben und sofort servieren.

Nährwerte pro Rezept

325 kcal / F 14 g / KH 37 g / E 12 g

Tipp

Piment d'Espelette ist eine ganz milde und aromatische Chiliart aus Frankreich. Das Gewürz ist aber problemlos austauschbar gegen etwas Paprikapulver und Chili.

▶ Rote-Bete-Macchiato

Basis für Suppe und Sauce

Die Basis für viele leckere Suppen: mit Kräutern und Gemüse.

▶ Für 1 Liter

Gelingt leicht ⏲ 10 Min. + 15 Min. Garzeit

300 g weißes Gemüse (Sellerie, Fenchel, Petersilienwurzel) · 50 g Kartoffeln · 50 g Lauch (weiße Teile) · 1 l Wasser · 2 EL Öl Salz | Pfeffer, frisch gemahlen

- Gemüse, Kartoffeln und Lauch in walnussgroße Würfel schneiden und bei mittlerer Hitze anschwitzen, bis es angenehm duftet. Mit dem Wasser auffüllen und so lange kochen lassen, bis das Gemüse weich ist.
- Das Ganze in einem Mixbecher mit dem je nach Geschmacksrichtung passenden Öl fein sämig pürieren. Mit Salz und Pfeffer würzen.

Nährwerte pro Rezept

325 kcal / F 21 g / KH 30 g / E 5 g

Tipp

Mit dieser Basis können Sie unter Zugabe von verschiedenen geschmacksgebenden Kräutern und Gewürzen viele verschiedene Suppen oder Saucen herstellen. Pürieren Sie z. B. im Frühling 50 g rohe Brennnesselspitzen oder Bärlauch bzw. 100 g gedämpften Spinat mit. Ihnen fallen bestimmt noch viele leckere Varianten ein.

Gemüsejus

Eine schöne Grundlage für jede Art von Saucen – rein vegetarisch!

▶ Für ½ Liter Gemüsejus

Braucht etwas mehr Zeit ⏲ 20 Min. + 2 Stunden Garzeit

1 Karotte · ¼ Sellerie · 1 mittlere Zwiebel · 2 Tomaten · 1 Knoblauchzehe · 1 EL Tomatenmark · 100 ml Balsamico-Essig · 1 l Gemüsebrühe · 1 Zweig Thymian · Rosmarin · 10 Wacholderbeeren · 1 Lorbeerblatt · Tamari · Salz | Pfeffer, frisch gemahlen · 2 EL Reismehl

- Das Gemüse in walnussgroße Würfel schneiden und zusammen mit dem Knoblauch ohne Fett anbraten, das Tomatenmark zugeben und kräftig bräunen lassen. Mit dem Balsamico-Essig ablöschen und reduzieren lassen. Das Ablöschen und Reduzieren mit Gemüsebrühe 3- bis 4-mal wiederholen, danach die Gemüsebrühe ganz dazugeben und ca. 2 Stunden köcheln lassen.
- Nach der Hälfte der Kochzeit die Kräuter und Gewürze dazugeben und weiter köcheln lassen. Danach durch ein Sieb gießen und, wenn notwendig, mit sehr fein gemahlenem Reismehl binden und mit den Gewürzen abschmecken.

Nährwerte pro Rezept

290 kcal / F 2 g / KH 57 g / E 7 g

Tipp

Das Gemüse müssen Sie übrigens nicht wegwerfen: Man kann es mit Gemüsebrühe und gekochten Kartoffeln pürieren und erhält eine leckere Suppe.

Karottensauce

Eine unaufdringliche Sauce, die zu vielem passt.

▶ Für 1 Liter Sauce

Preisgünstig ⏲ 10 Min. + 20 Min.

20 g Zwiebeln · 240 g Karotten · 100 g Kartoffeln · ½ TL Kurkuma · 1 l Gemüsebrühe oder Wasser · 1 EL Mandelöl · etwas Himbeeressig · Salz | Pfeffer, frisch gemahlen

- Das Gemüse in walnussgroße Würfel schneiden und mit dem Kurkuma bei mittlerer Hitze anschwitzen, bis es angenehm duftet. Mit der Gemüsebrühe (bzw. dem Wasser) auffüllen und so lange kochen lassen, bis das Gemüse weich ist.
- Das Ganze im Mixbecher pürieren bis eine sämige, glatte Sauce entstanden ist, das Mandelöl, den Himbeeressig und die Gewürze dazugeben und nochmals aufmixen. Falls die Sauce zu sämig sein sollte, lässt sich mit Gemüsebrühe die Konsistenz einstellen.

Nährwerte pro Rezept

255 kcal / F 11 g / KH 35 g / E 4 g

Tipp

Verwenden Sie anstelle von Kurkuma Currypulver, wird die Sauce pikanter. Mit etwas Zitronengras kommt sofort ein asiatischer Touch in die Sauce.

Kokosschaum

So bekommt heimisches Gemüse eine exotische Note.

▶ Für 2 Personen

Gelingt leicht ⏲ 20 Min.

1 TL Ingwer · 1 Knoblauchzehe · 50 g Kokosflocken · 500 ml Reismilch · Zitronengras · etwas Thaibasilikum (oder Zitronenbasilikum) · Tamari · 2 EL Reismehl

- Den Ingwer und den zerdrückten Knoblauch anbraten, die Kokosflocken mit anrösten, alles mit der Reismilch ablöschen. Die äußeren, harten Blätter vom Zitronengras entfernen, den Rest fein hacken und mit dem Thaibasilikum zugeben.
- Etwas kochen lassen, dann mit Reismehl binden. Den Sud fein mixen und durch ein Sieb gießen. Mit wenig Tamari abschmecken. Mit einem Milchaufschäumer oder mit dem Stabmixer zu einem festen Schaum aufschäumen.

Nährwerte pro Portion

100 kcal / F 7 g / KH 6 g / E 2 g

Maronensoufflé auf Traubenragout

Ein luftig-leckeres Soufflé, prima mit vollreifen Trauben.

▶ Für 2 Personen

Gelingt leicht 20 Min. + 30 Min. Garzeit

200 ml Gemüsebrühe · 1 EL Olivenöl · Salz | Pfeffer, frisch gemahlen · 50 g Kastanienmehl · 40 g Dinkelvollkornmehl · 2 Eier · ½ TL Apfelessig · 100 g Maronen (gibt es vorgegart zu kaufen) · 200 g weiße Trauben · 1 kleine rote Zwiebel · 1 EL Honig

- Die Gemüsebrühe mit dem Olivenöl und etwas Salz zum Kochen bringen. Kastanien- und Vollkornmehl mischen und auf einmal in die kochende Flüssigkeit geben. Das Ganze 2–3 Min. auf der Herdplatte bei mittlerer Hitze unter stetigem Rühren »abbrennen«.
- Die Eier trennen und die Eigelbe unter die etwas abgekühlte Masse rühren. Den Apfelessig unterziehen. Die gekochten Maronen mit einer Gabel fein zerdrücken oder pürieren und unterheben. Die Auflaufförmchen fetten und mit etwas Mehl bestäuben.
- Die Eiklar steif schlagen und unter die Soufflémasse heben, mit Salz und Pfeffer kräftig abschmecken und in die Förmchen füllen. Bei 180 Grad (Umluft 160 Grad) für 20 Min. im Ofen backen.
- Für das Traubenragout die Trauben halbieren und entkernen. Die Zwiebel in feine Streifen schneiden. Zwiebeln mit dem Honig in einer Pfanne leicht glasieren. Die Trauben kurz darin schwenken und auf eine Platte geben. Das Soufflé auf das Traubenragout stürzen.

Nährwerte pro Portion

470 kcal / F 13 g / KH 71 g / E 13 g

VEGETARISCHE HAUPTGERICHTE

Hüttenkäsesoufflé auf Gemüserauten

Dank Hüttenkäse arm an Fett und reich an Eiweiß.

▶ Für 2 Personen

Gelingt leicht ⏲ 40 Min. + 20 Min. Garzeit

Für das Käsesoufflé: 160 g Hüttenkäse · 160 g Quark · 40 g geriebener Parmesan · 2 Eier · Salz | Pfeffer, frisch gemahlen · Muskatnuss · Öl für die Form

Für die Gemüserauten: 200 g Karotten · 200 g Knollensellerie 150 g Lauch · Salz | Pfeffer, frisch gemahlen · 1 EL Olivenöl · 1 EL gehackte Petersilie · 1 EL Schnittlauchröllchen

- Für das Soufflé Quark und Hüttenkäse auf ein feines Haarsieb geben und ca. 30 Min. abtropfen lassen. Anschließend Quark und Hüttenkäse mit den gesamten Zutaten des Soufflés vermischen, gut durchrühren und mit den Gewürzen abschmecken. Die Auflaufförmchen leicht einölen und die Masse darauf verteilen. Die Formen mit dem Soufflé im Wasserbad auf dem Herd oder im Ofen 20 Min. zugedeckt garen.
- Für das Gemüse Karotten und Sellerie putzen bzw. schälen und zuerst in 3 mm dicke Scheiben und dann in Rauten schneiden. Den Lauch putzen, längs halbieren, dann vierteln und ebenfalls in Rauten schneiden. Gemüse bei mittlerer Hitze weich dünsten.

▶ Das passt dazu

Prima zum Soufflé passen rote Kartoffelperlen: Hierfür 300 g Kartoffelkugeln (aus frischen Kartoffeln mit einem Melonenausstecher herausschneiden) in 400 ml Rote-Bete-Saft weich kochen.

Nährwerte pro Portion

405 kcal/ F 21 g/ KH 16 g/ E 38 g

Kürbissoufflé

Das Besondere: Das Soufflé wird aus Kürbis aus dem Ofen hergestellt!

▶ Für 2 Personen

Gelingt leicht ⏲ 10 Min. + 45 Min. Garzeit

400 g Kürbis · 50 g Kartoffeln · ½ Zwiebel · Ingwer · Currypulver · Kreuzkümmel · 1 Ei · Salz | Pfeffer, frisch gemahlen

- Den Kürbis je nach Sorte schälen und in Würfel schneiden. Die Kartoffeln schälen und ebenfalls würfeln. Die Zwiebel in Streifen schneiden. Gemüse in eine feuerfeste Auflaufform geben, den Ingwer darüberreiben und mit den Gewürzen bestreuen. Alles miteinander gut mischen und für 20 Min. im Backofen bei 170 Grad (Umluft 150 Grad) backen.
- Wenn das Gemüse weich ist, herausnehmen und etwas abkühlen lassen. Anschließend mit dem Ei pürieren und nochmals, wenn nötig, mit den Gewürzen abschmecken. Die pürierte Masse in Auflaufförmchen portionieren und bei 160 Grad (Umluft 145 Grad) für 25 Min. im Ofen backen.

▶ Das passt dazu

Mit Reisnudeln und Kokosschaum (S. 63) servieren.

Nährwerte pro Portion

115 kcal/ F 3 g/ KH 15 g/ E 7 g

Linsencurry

Schön würzig und mit jeder Menge Gemüse.

▶ Für 2 Personen
Braucht etwas mehr Zeit
15 Min. + 45 Min. Garzeit
1 Zwiebel · 100 g Linsen · 1 EL Tomatenmark · 400 ml Wasser oder ungesalzene Gemüsebrühe · 1 Lorbeerblatt · 100 g Karotten · 100 g Lauch · 100 g Kürbis · 100 g bunte Paprika · Kreuzkümmel, Currypulver · Peperonipulver · Tamari · Apfelessig

- Die Zwiebel in feine Würfel schneiden und ohne Fett leicht anrösten. Dann die Linsen dazugeben und kurz mitdünsten. Das Tomatenmark zugeben und leicht bräunen lassen. Mit der Flüssigkeit auffüllen, das Lorbeerblatt zugeben und die Linsen 30 Min. weich kochen.
- Das Gemüse in 1 cm große Würfel schneiden. Die Gewürze in einem Topf erhitzen, bis sie angenehm duften. Das Gemüse nach und nach zugeben (zuerst Karotten, dann Lauch und Kürbis, zum Schluss die Paprika), al dente dünsten. Das Gemüse zu den Linsen geben, 10 Min. ziehen lassen und kräftig mit Tamari und Essig abschmecken.

▶ Das passt dazu
Lecker mit frischem Koriander, Joghurtdip und Fladenbrot.

Nährwerte pro Portion
210 kcal / F 2 g / KH 32 g / E 15 g

Gebratener Chicorée mit Bulgur

Ein schönes Essen für den Winter!

▶ Für 2 Personen

Preisgünstig ⏲ **15 Min. + 40 Min. Garzeit**

2 Chicorée · 0,5 l Wasser · ½ TL Salz · 1 Lorbeerblatt · 2 EL Vollkornmehl · 2 TL Olivenöl · 40 g Bulgur · 200 g Karotten und Sellerie · Kerbel · Schnittlauch · Salz | Pfeffer, frisch gemahlen · 1 TL Parmesan

- Den Chicorée in kochendes Wasser geben und ca. 30 Min. köcheln lassen. Herausnehmen, abtropfen lassen, etwas platt drücken und mit Salz und Pfeffer würzen. Chicorée im Mehl wenden und in einer Pfanne in 1 TL Olivenöl bei mittlerer Hitze auf beiden Seiten goldgelb anbraten.
- Den Bulgur in der doppelten Menge Flüssigkeit weich kochen. Karotten und Sellerie in feine Würfel schneiden und in Olivenöl andünsten. Zu dem gedünsteten Gemüse den Bulgur geben und mit Kräutern, Parmesan und Gewürzen abschmecken.

▶ Das passt dazu

70 g Grundsauce (S. 62) aufkochen, mit 1 EL Walnussöl aufmixen und mit ½ TL gehackter Petersilie abrunden. Die Sauce auf den Teller geben und den Chicorée darauflegen. Die Bulgurmasse in eine Schöpfkelle drücken und ebenso auf den Teller stürzen. Vor dem Servieren mit Parmesan bestreuen.

Nährwerte pro Portion

225 kcal / F 9 g / KH 29 g / E 7 g

Gemüsepotpourri in Safransauce mit Reiskugel

Köstliche Sauce, kunterbuntes Gemüse.

▶ Für 2 Personen

Gelingt leicht ⏲ **10 Min. + 40 Min. Garzeit**

30 g Vollkornreis · 1 Lorbeerblatt · ungesalzene Gemüsebrühe · 2 TL Olivenöl · 120 g Kürbis · frischer Ingwer · Currypulver · Salz | Pfeffer, frisch gemahlen · 120 g Zucchini · 120 g Zuckerschoten · Rosmarin · Knoblauch · 60 g Grundsauce (S. 62) · 1 Msp. Safran · 1 EL Mandelöl

- Den Reis mit dem Lorbeerblatt in der 2,5-fachen Menge ungesalzener Gemüsebrühe ca. 30 Min. im geschlossenen Topf gar kochen. Vor dem Servieren mit etwas Olivenöl und Salz abschmecken.
- Den Kürbis in Würfel schneiden und in 1 TL Olivenöl andünsten. Den fein geriebenen Ingwer dazugeben mit Currypulver, Salz und Pfeffer würzen. Ein wenig Brühe angießen und mit kleiner Hitze weich dünsten.
- Die Zucchini in 0,5 cm breite Scheiben schneiden, die Zuckerschoten an beiden Enden abschneiden und gegebenenfalls die Fäden ziehen. Zucchini und Zuckerschoten al dente dämpfen.
- Zucchini mit Rosmarin, Salz, Pfeffer, wenig Knoblauch und Olivenöl in der Pfanne schwenken. Die Zuckerschoten ebenfalls in Olivenöl andünsten, mit Salz und Pfeffer würzen. Die Sauce nach Grundrezept herstellen (S. 62). Den Safran dazugeben und das Mandelöl unterrühren. Kurz vor dem Servieren mit dem Pürierstab aufmixen.
- Auf dem Teller einen Saucenspiegel gießen, den Reis in eine Tasse drücken und vorsichtig auf den Teller stürzen. Die Gemüse farblich abgestimmt auf dem Teller anrichten.

Nährwerte pro Portion

185 kcal / F 8 g / KH 22 g / E 6 g

Zucchini-Tomaten-Curry mit Estragonpolenta

Ein echtes Sommeressen, unbedingt mit vollreifen Tomaten zubereiten.

▶ Für 2 Personen

Geht schnell ⏲ 10 Min. + 15 Min. Garzeit

1 Zwiebel · 1 Zucchini · 2 Tomaten · 1 TL Olivenöl · 1 TL Currypulver · 250 ml Gemüsebrühe oder Wasser · Salz | Pfeffer, frisch gemahlen · 1 Zweig Zitronenmelisse · Kreuzkümmel · Kurkuma · 50 g Polenta (Maisgrieß) · 2 EL geriebener Parmesan · 1 EL Estragon

- Die Zwiebel fein schneiden. Die Zucchini längs halbieren und in 1 cm dicke Scheiben schneiden. Die Tomaten achteln. Das Öl erwärmen, Zwiebeln dazugeben, mit dem Currypulver bestäuben und etwa 3 Min. dünsten. Anschließend mit etwas Gemüsebrühe oder Wasser ablöschen. Die Tomaten hinzufügen, würzen und zugedeckt al dente dünsten. Die Zitronenmelisse zupfen, fein schneiden und das Curry damit verfeinern.
- 200 ml Gemüsebrühe aufkochen und die Gewürze dazugeben. Den Maisgrieß in die kochende Flüssigkeit geben und kräftig rühren. Bei mittlerer Hitze 5 Min. ausquellen lassen. Zum Schluss Parmesan und fein geschnittenen Estragon unter die Polenta mischen und nochmals abschmecken. Von der Polenta mit dem Löffel Nocken formen und zusammen mit dem Gemüseragout anrichten.

▶ Variante

Die Polenta kann auch in der gleichen Menge Rote-Bete-Saft gekocht werden. Schmeckt lecker und ist ein schöner Farbtupfer.

Nährwerte pro Portion

145 kcal / F 8 g / KH 13 g / E 6 g

Schwarzwurzel-Sticks und Ragout

Die Sticks schmecken wunderbar mit ihrer Kürbiskernpanade.

▶ Für 2 Personen

Gelingt leicht ⏲ 10 Min. + 15 Min. Garzeit

Saft von 1 Zitrone · ½ l Wasser · 500 g Schwarzwurzeln · 250 ml Milch (oder Sojamilch) · 2 EL Vollkorn-Reismehl · Salz | Pfeffer, frisch gemahlen · 1 TL Mandelöl · 30 g Kürbiskerne · 30 g Vollkornsemmelbrösel · 1 Ei · 1 EL Weizenvollkornmehl

- Zitronensaft in das Wasser geben. Die Schwarzwurzeln schälen, in 5 cm lange Stücke schneiden und so lange in das Zitronenwasser geben, bis sie weiterverarbeitet werden. Die Milch zum Kochen bringen, Schwarzwurzeln hineingeben und darin weich kochen.
- Die Hälfte der Schwarzwurzeln herausnehmen, beiseitelegen. Das Reismehl in die Milch einstreuen und cremig binden. Die Sauce mit Salz und Pfeffer abschmecken und dem Mandelöl verfeinern. Die Herdplatte ausstellen.
- Die Kürbiskerne reiben und mit den Semmelbröseln mischen. Das Ei mit der Hälfte des Mehls verquirlen. Schwarzwurzeln mit Salz und Pfeffer würzen, im restlichen Mehl wenden, dann durchs Ei ziehen und zuletzt in den Semmelbröseln wälzen. In wenig Fett in der Pfanne braten oder mit Öl beträufelt für 15 Min. im Backofen bei 180 Grad (Umluft 160 Grad) backen.
- Das Ragout aufwärmen und zusammen mit den Schwarzwurzel-Sticks servieren.

▶ Das passt dazu

Zusammen mit dem Maronensoufflé (S. 64) und dem Rotkohleis (S. 49) werden die Schwarzwurzeln zu einem Festessen.

Nährwerte pro Portion

335 kcal / F 14 g / KH 34 g / E 20 g

Pellkartoffeln mit Budwigcreme und Rote-Bete-Monden

Reich an Eiweiß und mehrfach ungesättigten Fettsäuren.

▶ Für 2 Personen
Gelingt leicht
⏲ 10 Min. + 30 Min. Garzeit
180 g Kartoffeln · 250 g Magerquark · 2 EL Leinöl · 2 EL Sonnenblumenkerne · frisch gehackte Kräuter, z. B. Dill, Petersilie · Salz · 40 g Rote Bete · 60 ml Rote-Bete-Saft · 1 TL Vollkorn-Reismehl

- Die Kartoffeln dämpfen. Den Quark mit dem Schneebesen glatt rühren, das Leinöl dazugeben und so lange rühren, bis das ganze Öl emulgiert ist.
- Die Sonnenblumenkerne in einer Pfanne ohne Fett anrösten. Das gibt der Budwigcreme ein tolles Aroma.
- Sonnenblumenkerne und Kräuter dazugeben und etwas salzen. Alles noch einmal gut untereinanderheben.
- Die Rote Bete schälen und in Form von Halbmonden zuschneiden (tournieren). In dem Rote-Bete-Saft weich kochen und mit Reismehl binden.

Nährwerte pro Portion
165 kcal / F 4 g / KH 22 g / E 9 g

Pilzrisotto

Ein prima Winteressen, sehr herzhaft mit Vollkorn-Risottoreis.

▶ Für 2 Personen
Braucht etwas mehr Zeit
5 Min. + 40 Min. Garzeit

100 g Zwiebel · 100 g Vollkorn-Risottoreis · 300 ml ungesalzene Gemüsebrühe oder Wasser · 20 g getrocknete Pilze, z. B. Steinpilze · 100 ml Milch · 1 TL Olivenöl · Salz | Pfeffer, frisch gemahlen · etwas Zitronensaft · 200 g frische Pilze, z. B. Austernpilze 50 g Parmesan

- Die Zwiebel fein würfeln und im Topf ohne Fett leicht andünsten, den Reis dazugeben, kurz durchschwenken und mit der Brühe aufgießen. Die getrockneten Pilze dazugeben.
- Nach und nach die Milch zugeben, bis der Reis richtig gar ist. Das dauert zwischen 30 und 40 Min. Mit Salz, Pfeffer und Zitronensaft abschmecken. Die frischen Pilze putzen, anbraten und zum Schluss mit dem Parmesan unter den Reis heben.

Nährwerte pro Portion
380 kcal / F 13 g / KH 43 g / E 23 g

Überbackene Auberginen mit Tomaten und Mozzarella

Ein besonderes Vergnügen sind die Auberginen zu Gnocchi.

▶ Für 2 Personen
Gelingt leicht
40 Min. + 30 Min. Garzeit

2 EL Basilikum · 2 EL Tamari · 3 EL Wasser · 1 TL Olivenöl · Pfeffer · 200 g Auberginen · 2 Tomaten · 1 Mozzarella

- Basilikum zupfen und zusammen mit dem Tamari, Wasser und Olivenöl aufmixen. Die Aubergine in 1 cm dicke Scheiben schneiden und in der Marinade ca. 30 Min. marinieren. Die Tomaten in 0,5 cm dicke Scheiben, den Mozzarella so dünn wie möglich aufschneiden.
- Abwechselnd Aubergine, Tomate und Mozzarella in eine feuerfeste Form schichten – die unterste und oberste Scheibe sollte aus Auberginen bestehen. Zugedeckt für 30 Min. bei 160 Grad (Umluft 145 Grad) im Ofen backen.

▶ Das passt dazu
Servieren Sie die Auberginen mit Tomatencoulis (S. 59), Reis, Bulgur oder einem erfrischenden Joghurtdip.

Nährwerte pro Portion
260 kcal / F 19 g / KH 6 g / E 16 g

Kohlrabi-Saltimbocca

Eine köstliche vegetarische Saltimbocca, im Nu zubereitet.

▶ Für 2 Personen
Gelingt leicht
10 Min. + 15 Min. Garzeit

250 g Kohlrabi · 200 g Tomaten · 10 Salbeiblätter · 60 g Mozzarella · Salz | Pfeffer, frisch gemahlen

- Den Kohlrabi schälen, in Scheiben schneiden und weich dämpfen. Die Tomaten in die gleiche Anzahl Scheiben schneiden. Den Salbei fein schneiden.
- In eine feuerfeste Auflaufform abwechselnd Kohlrabi, Salbei und Tomate schichten und mit Salz und Pfeffer würzen. Zum Schluss den Mozzarella würfeln und damit bestreuen. Bei 175 Grad (Umluft 150 Grad) für 15 Min. im Ofen backen.

▶ Das passt dazu
Als Beilagen passen Reis, Quinoa, Polenta oder Vollkornnudeln.

Nährwerte pro Portion
130 kcal / F 7 g / KH 8 g / E 9 g

Serviettenknödel mit Pilzragout

Der Aufwand lohnt sich. Stellen Sie gleich mehr Knödel her – sie schmecken auch am nächsten Tag gebraten.

▶ Für 2 Personen
Braucht etwas mehr Zeit
40 Min. + 45 Min. Garzeit

Für die Serviettenknödel:

300 g altbackene Vollkornbrötchen
1 Zwiebel
1 TL Butter
400 ml heiße Milch
Salz | Pfeffer, frisch gemahlen
Muskatblüte
2 Eier
2 EL Petersilie

Für das Ragout:

300 g Champignons (oder andere Pilze)
1 Zwiebel
1 Knoblauchzehe
1 TL Olivenöl
Thymian
200 ml Milch
1 EL Hafermehl oder anderes Vollkornmehl
Saft von ½ Zitrone
1 Bund Schnittlauch

- Für die Serviettenknödel die Brötchen in dünne Scheiben schneiden oder ganz fein würfeln. Die Zwiebel fein würfeln und in der Butter anbraten. Die Milch aufkochen, mit Salz, Pfeffer und Muskatblüte würzen und die geschnittenen Brötchen damit übergießen. Die Zwiebeln zugeben, alles gut vermengen und ca. 30 Min. quellen lassen. Die Eier trennen und die Eigelbe mit der Brotmasse mischen. Petersilie fein schneiden und dazugeben. Eiklar steif schlagen und vorsichtig unter die Brötchenmasse heben.
- Ein Küchentuch mit einem 50 cm langen Stück Klarsichtfolie belegen. Die Knödelmasse in Form einer Wurst mittig auf die Folie setzen. Die Knödelwurst zu einer 5 cm dicken Rolle formen, die Folie darüberlegen und in das Tuch einwickeln. Die beiden Enden des Tuches gegeneinander drehen, sodass sich die Knödelrolle strafft. Aber nicht zu fest, der Teig geht noch etwas auf. Das Tuch links und rechts vom Teig mit einer Schnur wie ein Bonbon abbinden.
- Reichlich Wasser in einem sehr großen Topf zum Kochen bringen. Die Knödelrolle ins Wasser hängen und mit dem Topfdeckel fixieren, sodass die Rolle nicht den Topfboden berührt. Darin 30 Min. garen.
- Für das Ragout die Pilze in dünne Scheiben schneiden, die Zwiebel fein würfeln und den Knoblauch pressen. Alles zusammen im Olivenöl anbraten und mit Thymian und Pfeffer würzen. Pilze mit der Milch ablöschen und mit dem Hafermehl binden. Pilzragout mit Zitronensaft und den Gewürzen abschmecken. Den Schnittlauch in Röllchen schneiden und unterheben.
- Die Knödelrolle aus dem Wasser nehmen und kurz ausdampfen lassen. Den Bindfaden lösen und die Rolle auswickeln, die Folie entfernen. Die Serviettenknödel in Scheiben schneiden und auf dem Pilzragout servieren.

▶ **Variante**

Lecker sind die Serviettenknödel auch als Semmelknödel-Salat, der mit einer Marinade aus Zwiebeln, Essig und Öl hergestellt wird.

Nährwerte pro Portion

680 kcal / F 18 g / KH 88 g / E 48 g

Das Salz nicht zu früh zu den Pilzen geben, da sonst die Pilze zu viel Wasser ziehen und ein Anbraten nicht mehr möglich ist.

Wirsingroulade

Mediterran gefüllt und lecker!

▶ Für 2 Personen

Gelingt leicht ⏲ 20 Min. + 25 Min. Garzeit

2 große Wirsingblätter · 50 g rote und gelbe Paprika · 100 g Champignons · 1 TL Olivenöl · etwas Knoblauch · Muskatnuss · 1 Rosmarinzweig · Salz · 100 g Quark · 1 Ei

- Wirsingblätter waschen und dämpfen oder blanchieren (die Blätter müssen weich sein). Mit kaltem Wasser abschrecken. Den harten Strunk entfernen. Champignons und Paprika in kleine Würfel schneiden, im Öl anschwitzen, Knoblauch dazupressen und mit den Gewürzen abschmecken.
- Das angeschwitzte Gemüse auf einem Sieb abtropfen lassen. Quark und Ei verrühren, das abgetropfte Gemüse dazugeben und nochmals abschmecken.
- Wirsing mit Salz und Pfeffer würzen, mit dem Blatt eine Schöpfkelle auslegen, die entsprechende Menge der Füllung hineingeben und einschlagen. Die beiden Wirsingrouladen in eine feuerfeste Form stürzen, ein bisschen Wasser angießen und im Ofen ca. 15 Min. bei 160 Grad (Umluft 145 Grad) backen.

▶ Das passt dazu

Lecker zu Kürbis- oder Karottensauce (S. 63) und Kartoffeln.

Nährwerte pro Portion

120 kcal / F 6 g / KH 4 g / E 13 g

Kartoffelgnocchi

Verfeinert mit Parmesan und Basilikum!

▶ Für 2 Personen

Braucht etwas mehr Zeit ⏲ 20 Min. + 30 Min. Garzeit

Für den Brandteig (Grundrezept): 125 ml Wasser · 1 EL Olivenöl · 75 g Weizenvollkornmehl · 1 Ei

Für die Gnocchi: 300 g Kartoffeln · 20 g Parmesan · 1 EL Basilikum · Salz | Pfeffer, frisch gemahlen

- Wasser und Olivenöl in einem Topf zugedeckt kurz aufkochen lassen. Mehl auf einmal in die kochende Flüssigkeit geben und unter ständigem Rühren »abbrennen« lassen. Der Teig bildet einen Kloß und löst sich vom Topfboden. Den Topf vom Herd nehmen, ein wenig abkühlen lassen und dann das Ei unterrühren.
- Kartoffeln in der Schale kochen, pellen und durch eine Kartoffelpresse drücken. Den Parmesan darüberreiben und den fein geschnittenen Basilikum dazugeben. Alles unter den Brandteig kneten. Mit Salz und Pfeffer abschmecken.
- Die Gnocchimasse auf der Arbeitsplatte zu einer 1 cm dicken Rolle abdrehen. Mit den Zacken der Gabel leicht ein Muster eindrücken und mit dem Messer in einzelne, etwa 2 cm große Gnocchi schneiden. Diese können dann im sprudelnden Salzwasser gekocht oder gedämpft werden.

Nährwerte pro Rezept

695 kcal / F 24 g / KH 91 g / E 28 g

Tipp

Je nach Jahreszeit können Sie auch andere Kräuter verwenden. Als Gemüse dazu eignen sich sehr gut Kürbisragout, Spinat, gebratene Pilze oder einfach Tomatensauce.

Auberginen-Piccata

Die vegetarische Alternative und sehr italienisch!

▶ Für 2 Personen
Braucht etwas mehr Zeit
25 Min. + 25 Min. Garzeit

200 g	Auberginen
	Tamari
	Pfeffer
	Rosmarin
1	Ei
40 ml	Milch
5 EL	Vollkornmehl
1 EL	Rukola
30 g	geriebener Parmesan
	Salz | Pfeffer, frisch gemahlen
	Paprikapulver
	Bratöl

- Die Auberginen mit einem kleinen Messer ringsherum ein paar Mal einstechen, auf ein Blech oder in eine feuerfeste Form legen und 15 Min. im Ofen bei 160 Grad (Umluft 145 Grad) backen, bis sie weich sind.
- Auberginen aus dem Ofen nehmen, abkühlen lassen, die Haut abziehen und die Auberginen längs in ungefähr 1 cm dicke Scheiben schneiden. Auberginenscheiben mit Tamari, Pfeffer und Rosmarin würzen.
- Die Eier und 3 EL Mehl mit dem Schneebesen verquirlen. Milch, Parmesan, fein geschnittenen Rukola und die Gewürze unterziehen. Auberginen zuerst in 2 EL Mehl wenden, dann in die Eimasse tauchen.
- Maximal 1 EL Öl in eine beschichtete, kalte Pfanne geben und ½ TL Wasser auf das Öl tröpfeln. Bei 100 Grad fängt das Öl an zu spritzen. Dann ist die richtige Temperatur erreicht.
- Die Piccata vorsichtig in die Pfanne setzen und von beiden Seiten goldgelb braten und ggf. bei 160 Grad (Umluft 145 Grad) warm halten.

Achtung: Die richtige Temperatur ist wichtig, damit einerseits die Eimasse nicht an der Pfanne kleben bleibt und andererseits die Piccata in einer zu heißen Pfanne gerne anbrennen.

▶ Variante
Diese Art Piccata kann z. B. auch mit Kohlrabi oder Zucchini hergestellt werden. Letztere brauchen nicht vorher gedämpft zu werden.

▶ Das passt dazu
Tomatensauce oder Tomatencoulis (S. 59), dazu Reis, Spaghetti oder Polenta.

Nährwerte pro Portion
205 kcal / F 8 g / KH 19 g / E 13 g

Buchweizen-Sauerkraut-Auflauf

Ein sehr herzhafter Auflauf für den großen Appetit.

▶ Für 2 Personen
Braucht etwas mehr Zeit
20 Min. + 80 Min. Gar- und Backzeit
100 g Buchweizen · 1 Lorbeerblatt · 20 g Pinienkerne · Salz | Pfeffer, frisch gemahlen · 1 Lorbeerblatt · Petersilie · Majoran · 400 g Sauerkraut · 1 TL Olivenöl · 20 g Zwiebeln · Gemüsebrühe · 150 g Paprika · 30 g Lauch · 1 Ei · 30 g Hüttenkäse · 30 g Magerquark · 30 g Schafskäse

- Den Buchweizen im Ofen 20 Min. bei 160 Grad (Umluft 145 Grad) darren. Anschließend in 150 ml Wasser garen. Der Buchweizen sollte nicht verkochen, sondern leicht körnig sein.
- Die Pinienkerne in der Pfanne trocken anrösten und mit dem Buchweizen und den Kräutern vermischen. Salzen und pfeffern.
- Das Sauerkraut in wenig Olivenöl zusammen mit den klein geschnittenen Zwiebeln andünsten, mit wenig Gemüsebrühe ablöschen und weich kochen – das dauert ca. 30 Min. Lauch und Paprika in Streifen schneiden und ebenfalls in etwas Olivenöl anschwitzen.
- Das Ei mit Hüttenkäse, Quark und dem sehr fein gewürfelten Schafskäse mischen. Mit Salz und Pfeffer abschmecken. Alle Zutaten untereinanderheben und in eine gefettete Auflaufform geben. Das Ganze 30 Min. bei 160 Grad (Umluft 145 Grad) im Ofen backen.

Nährwerte pro Portion
420 kcal/ F 16 g/ KH 43 g/ E 22 g

Tipp
Sollte das Sauerkraut zu sauer sein, waschen Sie es vorher mithilfe eines Siebs unter fließendem Wasser ab.

Spinat-Polenta-Gratin

Den Auflauf kann man auch kalt prima mit ins Büro nehmen.

▶ Für 2 Personen
Gelingt leicht 20 Min. + 35 Min.
400 ml Wasser · 1 EL Olivenöl · Salz | Pfeffer, frisch gemahlen Kurkuma · Kreuzkümmel · 3 getrocknete Tomaten · 100 g Polenta · 1 Thymianzweig · 50 g geriebener Parmesan · 400 g Spinat · 1 Zwiebel · 1 Knoblauchzehe · Muskatnuss · 10 Kirschtomaten

- Für die Polenta das Wasser mit dem Öl und den Gewürzen in einem Topf erhitzen. Die getrockneten Tomaten fein schneiden und dazugeben. Polenta kräftig in die kochende Flüssigkeit einrühren. Auf kleiner Flamme ca. 5 Min. quellen lassen. Den Thymian zupfen und fein schneiden. Die Hälfte des Parmesans mit dem Thymian unter die Polenta mischen. Nochmals abschmecken. Die Polenta auf ein leicht geöltes Backblech oder in eine Gratinform streichen.
- Für den Belag den Spinat dämpfen, in kaltem Wasser kurz abschrecken und mit dem Messer 2- bis 3-mal durchhacken. Die Zwiebel fein schneiden, den Knoblauch pressen, beides kurz anbraten und zum Spinat geben. Mit den Gewürzen kräftig abschmecken und auf der Polenta verteilen. Die Kirschtomaten halbieren und auch auf dem Gratin verteilen. Das Gratin im 160 Grad (Umluft 145 Grad) heißen Backofen ca. 15 Min. backen. Vor dem Servieren den restlichen Parmesan sehr fein darüberreiben.

▶ Das passt dazu
Mit dem Tomatencoulis (S. 59) servieren.

Nährwerte pro Portion
305 kcal/ F 19 g/ KH 16 g/ E 15 g

▶ Spinat-Polenta-Gratin

Quinoa-Amaranth-Auflauf

Tauschen Sie im Winter einfach Zucchini gegen Kürbis.

▶ Für 2 Personen
Braucht etwas mehr Zeit
20 Min. + 45 Min. Gar- und Backzeit

50 g Amaranth · 50 g Quinoa · 200 ml Gemüsebrühe · 100 g Karotten · 100 g Zucchini · 50 g Zwiebeln · Olivenöl · 1 Knoblauchzehe · 1 Ei · 150 g Quark · 40 g Schafskäse · 1 Bund Schnittlauch · 40 g Parmesan, gerieben · Salz | Pfeffer, frisch gemahlen · Currypulver · Tamari · Cayennepfeffer

- Amaranth und Quinoa in einem Sieb heiß abwaschen, andarren und in der doppelten Menge Gemüsebrühe garen. Die Zucchini und die Karotten grob reiben oder in sehr feine Streifen schneiden. Die Zwiebeln fein würfeln. Das Gemüse und die Zwiebeln in etwas Olivenöl anbraten, den Knoblauch dazupressen und alles weich dünsten.
- Das Ei trennen. Das Eigelb mit dem Quark glatt rühren und den fein gewürfelten Schafskäse dazugeben. Das Ganze mit dem Gemüse und dem Getreide vermengen. Den Schnittlauch in feine Röllchen schneiden, das Eiklar schlagen und beides vorsichtig unter die Getreide-Quark-Gemüse-Mischung heben. Mit Salz, Currypulver, Tamari und etwas Cayennepfeffer abschmecken.
- Die Masse in eine gefettete Auflaufform füllen und ca. 30 Min. bei 170 Grad (Umluft 150 Grad) im Ofen backen. Nach dem Backen ca. 5 Min. ruhen lassen, damit sich der Auflauf besser schneiden lässt.

▶ Das passt dazu

Am besten schmeckt der Auflauf auf Karotten- oder Kürbissauce (S. 63) und dazu ein Gemüse der Saison.

Nährwerte pro Portion

480 kcal/ F 20 g/ KH 42 g/ E 32 g

◀ Quinoa-Amaranth-Auflauf

Mediterraner Auflauf mit Schafskäse

Ein leichter Auflauf mit Aubergine, Paprika und Zucchini.

▶ Gut vorzubereiten
Für 2 Personen 10 Min. + 45 Min. Gar- und Backzeit

400 g Kartoffeln · 1 Zwiebel · 1 kleine Aubergine · 1 Zucchini · 1 Paprika · 1 Knoblauchzehe · 8 Oliven · 200 ml Gemüsebrühe · Milch oder Sojamilch · 2 EL gemahlener Hafer · Salz | Pfeffer, frisch gemahlen · Thymian · 60 g Schafskäse

- Die Kartoffeln dämpfen, abkühlen lassen, schälen und in Scheiben schneiden. Die Zwiebel und das Gemüse putzen und in Scheiben bzw. Streifen schneiden. Mit Zwiebeln und Auberginen beginnend das Gemüse anschwitzen, nach 4 Min. Zucchini und Paprika dazugeben, den Knoblauch pressen und zusammen mit den Oliven kurz mit braten.
- Die Flüssigkeit (Gemüsebrühe, Milch oder Sojamilch) angießen und mit dem gemahlenen Hafer abbinden. Gemüse mit den Kartoffeln vermischen und mit den Gewürzen abschmecken. Die Masse in eine Auflaufform geben und den Schafskäse darüberreiben. Den Auflauf ca. 15 Min. bei 180 Grad (Umluft 160 Grad) backen.

Nährwerte pro Portion

335 kcal/ F 10 g/ KH 45 g/ E 14 g

Tipp

Falls Sie keine Getreidemühle besitzen, verwenden Sie einfach grobe Haferflocken.

WISSEN

Andarren

Andarren ist das trockene Anrösten von Getreide oder Saaten in Topf, Pfanne oder im Ofen.

Mangold-Pilz-Cannelloni

Ganz fein, sogar der Teig ist selbst gemacht!

- Für den Teig Olivenöl, 1 Msp. Salz und Kurkuma glatt rühren und zum Hartweizen geben, anschließend das heiße Wasser zugeben und alles ca. 5 Min. kneten. Mindestens 30 Min. in Folie eingewickelt ruhen lassen. Den Nudelteig dünn ausrollen und in 10 cm breite Bahnen schneiden.
- Für die Füllung die Zwiebeln fein hacken, die Pilze fein schneiden, den Mangold kurz dämpfen, danach fein schneiden. Die Zwiebeln mit den Pilzen und dem Mangold anschwitzen und mit dem Hüttenkäse und den fein geschnittenen Tomaten vermengen. Zum Schluss mit wenig gehacktem Rukola, Salz, Pfeffer und Muskatnuss würzen.
- Die Füllung 1 cm hoch auf die Nudelbahnen streichen, die Cannelloni aufrollen und abtrennen. Die gefüllten Cannelloni nebeneinander in eine feuerfeste Form geben, mit der Tomatensauce bedecken und 30 Min. im Ofen bei 160 Grad (Umluft 145 Grad) backen.

Nährwerte pro Portion
335 kcal / F 5 g / KH 48 g / E 21 g

Tipp

Die oben erwähnten Zutaten sind, bis auf die Tomaten, im Winter erhältlich. In dieser Zeit verwenden Sie für die Tomatensauce ein gutes Produkt aus dem Glas oder kochen eine Tomatensauce aus Dosentomaten.

▶ Für 2 Personen
Braucht etwas mehr Zeit
50 Min. + 30 Min. Garzeit

Für den Teig:
1 EL Olivenöl
1 Msp. Kurkuma
150 g gemahlener Vollkorn-Hartweizen
90 ml heißes Wasser

Für die Füllung:
100 g Zwiebeln
200 g Pilze
200 g Mangold
100 g Hüttenkäse
2 getrocknete Tomaten
Rukola
Salz | Pfeffer, frisch gemahlen
Muskatnuss
1 Glas Bio-Tomatensauce (oder Tomatencoulis S. 59)

Fenchel-Zucchini-Lasagne mit Cashewnuss-Sauce

Bereiten Sie gleich eine große Lasagne zu und laden Sie liebe Freunde zum Essen ein.

▶ Für 2 Personen
Braucht etwas mehr Zeit
1 Stunde + 45 Min.
Gar- und Backzeit

150 g gemahlener Vollkorn-Hartweizen
1 EL Olivenöl
1 Msp. Kurkuma
90 ml heißes Wasser
200 g Fenchel
Olivenöl
Zitronenabrieb
Salz | Pfeffer, frisch gemahlen
200 g Zucchini
1 Knoblauchzehe
Thymian, Rosmarin
100 g Cashewkerne
1 l Gemüsebrühe

- Für den Teig Olivenöl, 1 Msp. Salz und Kurkuma glatt rühren und zum Hartweizen geben. Das heiße Wasser hinzufügen und alles ca. 5 Min. kneten. Mindestens 30 Min. in Folie eingewickelt ruhen lassen. Den Nudelteig dünn ausrollen und auf die Lasagneform passend zuschneiden.
- Für die Füllung den Fenchel in Scheiben schneiden und in einer Pfanne von beiden Seiten in etwas Olivenöl anbraten. Fenchel mit Zitronenabrieb, Salz und Pfeffer würzen, etwas Flüssigkeit angießen und weich dünsten. Die Zucchini längs in Scheiben schneiden, mit Salz, Pfeffer und zerdrücktem Knoblauch würzen und von beiden Seiten anbraten.
- Für die Sauce die Cashewnüsse mit der heißen Gemüsebrühe übergießen, 15 Min. quellen lassen, anschließend pürieren. Das Ganze aufkochen und gegebenenfalls nochmals pürieren.
- Etwas Sauce in die Lasagneform geben und die erste Nudelplatte darauflegen. Auf die Nudelplatte die Zucchini und etwas Sauce geben, darauf eine Schicht Nudeln und Fenchel verteilen, dann wieder mit Sauce beträufeln und mit Nudeln und Zucchini belegen. Zum Schluss die Sauce darübergießen und 30 Min. bei 160 Grad (im Ofen 145 Grad) backen.

▶ Variante
Alternativ zur Cashewnuss-Sauce kann das Ganze auch mit Tomaten- oder der Gemüsegrundsauce zubereitet werden. Dann sollten Sie aber etwas Käse zum Überbacken verwenden, damit es besser schmeckt.

Nährwerte pro Portion
615 kcal / F 31 g / KH 61 g / E 23 g

Gefüllte Champignons

Die Gemüsefüllung mit Kräutern und Oliven macht die Champignons zu echten Leckerbissen.

▶ Für 2 Personen
Gelingt leicht ⏲ 20 Min. + 30 Min. Garzeit
2–4 Riesen-Champignons · Salz | Pfeffer, frisch gemahlen · Zitronensaft · 100 g Tomaten · 100 g Auberginen · 100 g Zucchini · 2 Oliven · 50 g Zwiebeln · 1 TL Olivenöl · Knoblauch Thymian · Basilikum

- Die Champignons waschen, den Stiel abknicken, die Pilze mit Salz, Pfeffer und etwas Zitronensaft würzen. Die Pfanne erhitzen und die Champignonköpfe von beiden Seiten goldbraun braten. Die Champignons mit dem Stielansatz nach unten zum Abtropfen auf ein Gitter setzen.
- Tomaten häuten und entkernen. Die Gemüse in 0,5 cm große Würfel schneiden. Die Oliven und die Zwiebeln fein würfeln. Das Olivenöl vorsichtig in der Pfanne erhitzen und die Zwiebeln darin anschwitzen. Oliven, Zucchini, Auberginen dazugeben und al dente dünsten.
- Zum Schluss die Tomatenwürfel beifügen, kurz durchschwenken und mit den Gewürzen und Kräutern abschmecken. Die Champignonköpfe mit der Masse füllen und auf einem Blech oder in einer feuerfesten Form im Ofen bei 160 Grad (Umluft 145 Grad) 10 Min. erhitzen.

Nährwerte pro Portion
105 kcal/ F 4 g/ KH 6 g/ E 11 g

Tipp
Mit Risotto servieren. Wenn Sie keine Riesenchampignons bekommen, können Sie natürlich auch mehrere kleine Champignons füllen.

Sellerie-Cordon-bleu

Im Sommer lecker zu einem großen Salatteller.

▶ Für 2 Personen
Preisgünstig ⏲ 10 Min. + 30 Min. Garzeit
1 Sellerieknolle · 50 g Radicchio · 40 g Käse · 1 EL Tamari · 1 EL Sesam · 4 EL Semmelbrösel · 1 Ei · etwas Weizenvollkornmehl · Salz | Pfeffer, frisch gemahlen · 1 EL Bratöl

- Die Sellerieknolle schälen und in 0,5 cm dicke Scheiben schneiden. Die Endstücke nicht verwenden, sondern aufbewahren für eine Suppe oder Grundsauce. Die Scheiben weich dämpfen oder dünsten. Radicchio in feine Streifen schneiden, den Käse dazureiben und mit der Tamari würzen.
- Den Sesam mit den Semmelbröseln mischen, das Ei verquirlen. Mehl, Brösel und verquirltes Ei je auf einen Teller geben. Die Selleriescheiben mit Salz und Pfeffer würzen. Die Hälfte der Scheiben mit der Radicchio-Käse-Masse belegen und jeweils eine passende Scheibe Sellerie darauflegen und etwas andrücken.
- Sellerie-Cordon-bleu zuerst im Mehl, dann im Ei und danach in den Sesambröseln wenden. Zum Schluss etwas andrücken. Cordon bleu in einer Pfanne im Öl beidseitig anbraten oder mit dem Öl bepinseln und im Ofen bei 180 Grad (Umluft 160 Grad) 15 Min. backen.

▶ Variante
Die Scheiben einzeln – ohne Füllung – panieren, dann sind es Schnitzel. Es eignen sich auch Kohlrabi- oder Zucchinischeiben, wobei die Zucchini nicht vorgegart werden muss.

▶ Das passt dazu
Mit Kartoffeln oder Püree, Rotkohl oder Schwarzwurzelragout (S. 69) servieren.

Nährwerte pro Portion
285 kcal/ F 15 g/ KH 21 g/ E 16 g

Chicoréeravioli mit Walnuss-Pesto

Der Aufwand lohnt sich! Laden Sie unbedingt Gäste ein für dieses Festessen.

- Für den Teig Olivenöl, Salz und Kurkuma glatt rühren und zum Hartweizen geben, anschließend das heiße Wasser zugeben und alles ca. 5 Min. kneten. Mindestens 30 Min. in Folie eingewickelt ruhen lassen.
- Für die Füllung den Chicorée und den Lauch in feine Streifen schneiden und mit dem gepressten Knoblauch in einer Pfanne andünsten. Den Schafskäse darüberreiben und in der Pfanne schmelzen lassen. Füllung mit Salz, Pfeffer und dem Thymian würzen.
- Den Teig sehr dünn ausrollen und in zwei Teile teilen. Auf die erste Teigplatte im Abstand der Ausstecher kleine Häufchen der Füllung setzen. Die zweite Teigplatte darüberlegen, den Teig um die Füllung herum gut andrücken und dann Ravioli ausstechen. Die Reste des Teiges wieder zusammenkneten und erneut dünn ausrollen und füllen.
- Für das Walnuss-Pesto die Walnuss- und Pinienkerne mithilfe einer Nussmühle oder Käsereibe fein reiben. Mit dem Ricotta glatt rühren und das Öl langsam unter ständigem Rühren einlaufen lassen, bis die gewünschte Konsistenz entstanden ist. Die Petersilie hacken, unterziehen und mit Salz und Pfeffer abschmecken.
- Ravioli entweder in klarer Gemüsebrühe oder in Salzwasser garen oder ohne vorheriges Kochen in Olivenöl anbraten.

▶ Das passt dazu

Mit Spinat servieren.

Nährwerte pro Portion

700 kcal / F 38 g / KH 58 g / E 30 g

Tipp

Ravioli lassen sich sehr gut einfrieren. Bereiten Sie das doppelte Rezept zu und Sie haben einen kleinen Ravioli-Vorrat.

▶ Für 2 Personen
Braucht etwas mehr Zeit
90 Min.

Für den Teig:

1 EL Olivenöl
1 Msp. Salz
1 Msp. Kurkuma
150 g gemahlener Vollkorn-Hartweizen
90 ml heißes Wasser

Für die Füllung:

150 g Chicorée
50 g Lauch
Knoblauchzehe
50 g Schafskäse
Salz | Pfeffer, frisch gemahlen
Thymian

Für das Walnuss-Pesto:

200 g Walnusskerne
50 g Pinienkerne
100 g Ricotta
40 ml Walnuss- oder Olivenöl
1 Bund Petersilie
Salz | Pfeffer, frisch gemahlen

Außerdem: Ravioli-Teigausstecher

Grünkernküchle

Am besten bereiten Sie gleich die doppelte oder dreifache Menge zu, die Küchle schmecken auch kalt prima.

▶ Für 2 Personen

Gelingt leicht ⏲ 10 Min. + 35 Min. Garzeit

100 g Grünkernschrot · 1 EL Tomatenmark · 200 ml Gemüsebrühe (oder Wasser) · ½ Zwiebel · 1 Karotte · 1 EL Olivenöl · 1 Knoblauchzehe · 1 Zweig Majoran · 1 Ei · Salz | Pfeffer, frisch gemahlen

- Den Grünkern trocken im Topf andarren, das Tomatenmark dazugeben und mit der Gemüsebrühe ablöschen, aufkochen und ausquellen lassen. Die Zwiebeln und die Karotte in feine Würfel schneiden oder fein reiben und in der Hälfte des Öls andünsten, den Knoblauch dazupressen und mit dem Grünkernschrot vermengen.
- Majoran zupfen, hacken und zusammen mit dem Ei zum Grünkern geben, mit Salz und Pfeffer abschmecken. Kleine Bratlinge aus dem Teig formen und in der Pfanne mit Öl oder im Backofen ausbacken.

▶ Variante

Verfeinern Sie den Bratlingteig mit etwas geriebenem Käse oder Senf. Beides einfach vor dem Anbraten unter die Grünkernmasse kneten.

Nährwerte pro Portion

285 kcal / F 9 g / KH 39 g / E 11 g

Tipp

So wird das Grünkernküchle zum Pausensnack: Nehmen Sie ein Vollkornbrötchen, bestreichen Sie es mit Senf, Ketchup oder einem der Aufstriche aus diesem Buch. Legen Sie Salat, Gurke und Tomate dazwischen und ein Grünkernküchle darauf. Dasselbe funktioniert übrigens auch mit Auberginen-Piccata (S. 75) oder den Kichererbsenküchle (S. 86).

Kichererbsenküchle

Sehr sättigend und reich an komplexen Kohlenhydraten.

▶ Für 2 Personen

Braucht etwas mehr Zeit

⏲ 1 Stunde + 12 Stunden Einweichzeit

100 g Kichererbsen · 1 Bouquet garni (Lorbeerblatt, Petersilie, Thymian) · 100 g Kartoffeln · Currypulver · Kreuzkümmel · 40 g Karotten · Salz | Pfeffer, frisch gemahlen · Muskatnuss · Tamari · Öl zum Braten

- Die Kichererbsen am Vortag einweichen und am nächsten Tag in Gemüsebrühe mit dem Bouquet garni gar kochen und erkalten lassen. Die Kartoffeln dämpfen und pellen. Kichererbsen mit der Gemüsemaschine fein raffeln. Kartoffeln durch die Presse drücken und mit den Kichererbsen mischen.
- Currypulver und Kreuzkümmel in einer Pfanne erwärmen, bis die Gewürze angenehm duften. Karotten in feinste Streifen schneiden (Julienne) und kurz mit den Gewürzen andünsten. Kichererbsen und Kartoffeln zu den Karotten geben und gut vermengen. Mit Muskatnuss, Kreuzkümmel und Tamari abschmecken. Aus der Masse kleine Küchle formen und in wenig Fett bei mittlerer Hitze goldgelb braten.

▶ Das passt dazu

Schmeckt lecker mit einem Radieschenragout, aber auch Zucchini und Auberginen lassen sich sehr gut mit den Kichererbsenküchle kombinieren. Ein Joghurt- oder Tomatendip rundet das Gericht ab.

Nährwerte pro Portion

140 kcal / F 4 g / KH 20 g / E 5 g

Die Küchle eignen sich nicht zum Warmhalten, da sie dabei recht schnell trocken werden.

Buchweizen-Hafer-Küchle

Mit vielen gesunden Ballaststoffen.

▶ Für 3–4 Personen
Braucht etwas mehr Zeit
20 Min. + 35 Min. Garzeit

100 g Buchweizen · 100 g Hafer · 20 g Haferflocken · 1 Ei · 50 g Quark · 50 g Karotten · 50 g Zucchini · 20 g geriebener Parmesan · 1 TL Tamari · 1 Msp. Currypulver · Salz | Pfeffer, frisch gemahlen

- Den Buchweizen trocken im Topf andarren und in der doppelten Wassermenge kochen. Die Haferkörner in der 3-fachen Wassermenge kochen. Karotten und Zucchini fein reiben und in einer Pfanne kurz anbraten. Die gesamten Zutaten mischen und mit den Gewürzen kräftig abschmecken.
- Aus der Masse Bratlinge formen und bei mittlerer Hitze in wenig Fett ausbraten oder im Ofen bei 160 Grad (Umluft 145 Grad) 15 Min. backen.

▶ Das passt dazu

Schmeckt gut zu Lauchgemüse und Rote-Bete-Sauce. Aber die Bratlinge sind auch kalt sehr gut.

Nährwerte pro Portion
975 kcal / F 23 g / KH 146 g / E 45 g

Tofu-Kamut-Burger

Raffiniert, mit Haselnusskruste!

▶ Für 8 Burger
Gelingt leicht
10 Min. + 15 Min. Garzeit

100 ml Wasser · 1 TL Olivenöl · Salz · Kurkuma · 50 g Kamut- oder Dinkelvollkornmehl · 1 Ei · 100 g geräucherter Tofu · 100 g Tofu natur · 1 EL Pinienkerne · 50 g Pilze · 20 g Haselnüsse

- Das Wasser mit dem Öl und den Gewürzen zum Kochen bringen, das Mehl auf einmal zugeben, mit einem Kochlöffel verrühren und ca. 2 Min. auf mittlerer Hitze unter ständigem Rühren »abbrennen«. Den Teigkloß in eine Schüssel geben und das Ei mit dem Kochlöffel oder Handrührgerät unterarbeiten. Den Tofu fein pürieren und zum Teig geben, die Pinienkerne ohne Fett anrösten, die Pilze sehr fein schneiden und anbraten. Alles miteinander verkneten. Die Haselnüsse fein reiben.
- Aus der Burgermasse 8 Burger formen und in den Nüssen wenden. In wenig Fett anbraten oder mit Fett bepinselt im Ofen bei 170 (Umluft 150 Grad) Grad 15 Min. backen.

Nährwerte pro Burger
90 kcal / F 5 g / KH 5 g / E 6 g

Kürbis-Reibekuchen

Reibekuchen mit einer Extraportion Beta-Carotin.

▶ Für 2 Personen
Gelingt leicht
20 Min. + 20 Min. Garzeit

100 g Kartoffeln · 400 g Kürbis · 1 Ei · 1 EL Weizen- oder Dinkelvollkornmehl · Salz | Pfeffer, frisch gemahlen · ½ Bund Schnittlauch · 1 EL Öl

- Die Kartoffeln waschen und schälen. Den Kürbis halbieren, entkernen und eventuell schälen. Den Kürbis und die Kartoffeln grob reiben. Das geriebene Gemüse mit dem Ei, dem Mehl, Salz und Pfeffer vermengen.
- Den Reibekuchenteig mit dem geschnittenen Schnittlauch abschmecken. In einer Pfanne wenig Öl erhitzen und die Puffer darin goldgelb ausbacken.

Nährwerte pro Portion
190 kcal / F 8 g / KH 20 g / E 8 g

▶ Kürbis-Reibekuchen

Pikanter Karottenkuchen

Der Karottenkuchen eignet sich sehr schön als etwas andere Beilage zu einem Gemüsegericht.

▶ Für 1 Kuchen

Gelingt leicht ⏲ 15 Min. + 30 Min. Backzeit

2 Eier · 70 g Butter · 70 g Quark · 200 g Weizenvollkornmehl · 200 g Karotten · 1 TL Weinstein-Backpulver · 2 Msp. Salz · Currypulver · Ingwer · abgeriebene Schale von 1 Zitrone · 140 ml Milch

- Die Eier trennen. Die Butter mit den Eigelben cremig aufschlagen. Den Quark separat cremig aufrühren und das Eiklar steif schlagen. Den Quark mit der Butter-Ei-Masse verrühren. Die Karotten fein reiben.
- Die trockenen Zutaten, die Karotten und die Gewürze mischen. Unter Zugabe der Milch beide Massen vermengen und zum Schluss das steif geschlagene Eiweiß unterheben. In eine gefettete Backform geben und bei 170 Grad (Umluft 150 Grad) ca. 30 Min. backen.

Nährwerte pro Kuchen

1500 kcal / F 77 g / KH 147 g / E 54 g

◀ Pikanter Karottenkuchen

Spargelquiche mit Bergkäse

Gehaltvoll, aber einfach köstlich!

▶ Für 1 Quiche

Gut vorzubereiten ⏲ 50 Min. + 50 Min. Gar- und Backzeit

Für den Mürbeteig: 250 g Weizenvollkornmehl · 125 g kalte Butter · 1 Prise Salz · 3 EL Wasser

Für den Belag: 2 kg Spargel · 300 g Magerquark · 1 EL Mandelöl · 1 Ei · Salz | Pfeffer, frisch gemahlen · Muskatnuss · 50 g Bergkäse · 1 EL Estragon · Olivenöl

- Für den Teig Mehl und Butter möglichst kühl verarbeiten. Butter in kleine Stücke schneiden, zum Mehl geben und mit 2 Teigschabern hacken oder zwischen den Händen kurz zu Krümeln zerreiben. Eine Mulde in die Mehl-Butter-Mischung drücken.
- Alle anderen Zutaten für den Teig hineingeben, mithilfe der Teigschaber gut vermischen und zügig zu einem festen Teig verkneten. Den Teig ausrollen, eine Form (Ø 26–28 cm) damit auslegen und zugedeckt etwa 30 Min. kalt stellen. Den Teig bei 180 Grad (Umluft 160 Grad) 10 Min. vorbacken.
- Für den Belag den Spargel schälen und dämpfen (nicht zu weich) und in ca. 1 cm lange Stücke schneiden. Spargel in einem Sieb sehr gut abtropfen lassen und die Spitzen beiseitelegen. Den Quark mit dem Mandelöl, dem Ei und den Gewürzen glatt rühren, den Käse hineinreiben. Die Estragonblätter fein schneiden und zusammen mit den Spargelstücken unter die Quarkmasse heben.
- Den Belag auf dem vorgebackenen Boden verteilen und bei 160 Grad (Umluft 145 Grad) ca. 30 Min. im Ofen backen. Die Spargelspitzen kurz vor dem Servieren in etwas Olivenöl andünsten, leicht mit Salz und Pfeffer würzen und zur Quiche servieren.

▶ Variante

Anstelle des Quarks können Sie auch die gleiche Menge Grundsauce oder abgetropften Hüttenkäse verwenden.

Nährwerte pro Quiche

2610 kcal / F 139 g / KH 203 g / E 134 g

Tarte mit grünem Spargel, Tomaten und Rukola

Eine schöne, sommerliche Tarte, die sich auch fürs Picknick eignet.

▶ Für 1 Tarte

Gut vorzubereiten ⏲ 10 Min. + 35 Min. Gar- und Backzeit

Für den Teig: 200 g Vollkorndinkelmehl · 100 g Quark · 2 EL Öl · 1 Ei · ½ TL Weinstein-Backpulver · 1 Prise Salz · Kräuter nach Belieben

Für den Belag: 2 kg grüner Spargel · 1 TL Olivenöl · 500 g Cocktailtomaten · 1 Bund Rukola · Salz | Pfeffer, frisch gemahlen · etwas Zitronenabrieb · 60 g Mozzarella

- Für den Teig die Zutaten in eine Schüssel geben und rasch zu einem festen Teig kneten. Den fertigen Teig gleich ausrollen in eine Backform (Ø 28 cm) geben und 8 Min. bei 160 Grad (Umluft 145 Grad) vorbacken.
- Die holzigen Enden des grünen Spargels entfernen. Den Rest in 2 cm lange Stücke schneiden. Das Olivenöl in einer Pfanne leicht erhitzen, den Spargel zugeben und bei mittlerer Hitze in der Pfanne garen.
- Die Cocktailtomaten vierteln und, kurz bevor der Spargel weich ist, die Tomaten, den Rukola und die Gewürze zugeben. Abschmecken, Gemüse in die Form füllen und mit dem fein gewürfelten Mozzarella bestreuen. Die Tarte im Ofen 15 Min. bei 170 Grad (Umluft 150 Grad) fertig backen.

Nährwerte pro Tarte

955 kcal/ F 40 g/ KH 74 g/ E 71 g

Tipp

Den Teig bitte nicht ungebacken ruhen lassen. Quark-Öl-Teig wird sehr schnell zäh. Wenn er vorgebacken ist, darf er auch gerne einige Stunden stehen.

Pikanter Käsekuchen

Zusammen mit einem frischen Salat ein tolles Mittag- oder Abendessen.

▶ Für 1 Kuchen

Gelingt leicht ⏲ 10 Min. + 40 Min. Backzeit

Für den Teig: 150 g Dinkelvollkornmehl · 75 g Quark · 2 EL Öl 1 Ei · etwas Backpulver · 1 Prise Salz · Oregano

Für die Füllung: 600 g Magerquark · 150 g geriebener würziger Käse · 3 Eier · Salz | Pfeffer, frisch gemahlen · Muskatnuss 1 Bund Schnittlauch

- Für den Teig die Zutaten in eine Schüssel geben und rasch zu einem festen Teig kneten. Den fertigen Teig gleich ausrollen, in eine Backform (Ø 28 cm) geben und 7 Min. bei 160 Grad (Umluft 145 Grad) vorbacken.
- Für die Füllung den Quark mit dem geriebenen Käse verrühren. Die Eier trennen, die Eigelbe zum Quark geben und das Eiklar steif schlagen. Die Quark-Ei-Masse mit den Gewürzen abschmecken, den Schnittlauch in Röllchen schneiden und zusammen mit dem Eischnee vorsichtig unterheben. Die Masse auf den vorgebackenen Boden geben und bei 160 Grad (Umluft 145 Grad) ca. 30 Min. backen.

Nährwerte pro Kuchen

1910 kcal/ F 75 g/ KH 116 g/ E 185 g

Tipp

Der Käsekuchen bräunt sehr stark. Eventuell vermindern Sie die Temperatur oder decken den Kuchen ab.

Lauch-Bergkäse-Tarte

Die Tarte eignet sich prima fürs Büfett.

▶ Für 1 Tarte
Gut vorzubereiten
20 Min. + 45 Min. Gar- und Backzeit
Für den Teig: 150 g Vollkornweizenmehl · 75 g Quark · 2 EL Öl · 1 Ei · etwas Backpulver · 1 Prise Salz · Oregano
Für den Belag: 1 kg Lauch · 1 TL Olivenöl · Salz | Pfeffer, frisch gemahlen · 3 EL Reismehl · 50 g Bergkäse

- Für den Teig alle Zutaten in eine Schüssel geben und kurz zu einem festen Teig kneten. Den Teig gleich ausrollen, in eine Backform (Ø 28 cm) geben und bei 160 Grad (Umluft 145 Grad) 7 Min. vorbacken.
- Für den Belag den Lauch in sehr feine Streifen schneiden und im Olivenöl andünsten. Lauch mit Salz und Pfeffer würzen und mit dem Reismehl abbinden. Den vorgebackenen Boden mit dem Lauch belegen und den Bergkäse darüberreiben. Die Tarte bei 175 Grad (Umluft 150 Grad) ca. 30 Min. im Ofen backen.

Nährwerte pro Tarte
1380 kcal / F 53 g / KH 149 g / E 74 g

Exotisches

Für die nachfolgenden Rezepte benötigen Sie zum Teil Zutaten, die nur in wärmeren oder weit entfernten Gefilden gedeihen: exotische Gewürze, Zitronengras, Ingwer oder spezielle Algen für Sushi. Solange Sie nicht täglich solche Importprodukte verwenden, dürfen und sollten Sie sie genießen. So wird Ihre regionale und saisonale Küche wunderbar ergänzt.

Winterrettich-Salat mit Honig

Der Salat ist eine schöne Ergänzung zum vegetarischen Sushi.

▶ Für 2 Personen

Gelingt leicht ⌚ 15 Min. + 30 Min. Ziehzeit

1 EL Sesamöl (geröstet) · 1 EL Sesamöl (ungeröstet) · 2 EL Reisessig oder Apfelessig · 1 EL Honig · etwas frischer Meerrettich · etwas Ingwer · 1 Stängel Zitronengras oder Zitronenabrieb · Salz | Pfeffer, frisch gemahlen · 300 g schwarzer Rettich

- Öl, Essig und Honig glatt rühren. Den Meerrettich und den Ingwer dazureiben. Die äußeren, harten Blätter vom Zitronengras entfernen, den Rest fein hacken.
- Den Rettich waschen, von unreinen Schalenteilen befreien und direkt in die Marinade raffeln. Den Salat ca. 30 Min. durchziehen lassen und abschmecken.

Nährwerte pro Portion

175 kcal / F 15 g / KH 8 g / E 2 g

Süß-saure Pflaumensauce

Lecker zu fast allen asiatischen Gerichten.

▶ Für 1 l Sauce

Gelingt leicht ⌚ 10 Min. + 20 Min. Garzeit

100 g Zwiebeln · 1 Chilischote · 1 EL Currypulver · 1 TL Sesamöl (geröstet) · 1 Sternanis · ½ TL Koriandersamen · 40 g Ingwer · 100 g getrocknete Pflaumen · 120 ml Reisessig 100 ml Tamari · 0,75 l Pflaumensaft

- Zwiebeln fein würfeln. Chilischote entkernen und fein schneiden. Zwiebeln und Chili in Sesamöl anschwitzen. Sternanis, Koriandersamen, Ingwer und die getrockneten Pflaumen dazugeben und 2 Min. anbraten.
- Danach mit dem Reisessig und Tamari ablöschen, mit dem Pflaumensaft auffüllen und ca. 15 Min. einkochen lassen. Den Sternanis entnehmen und den Rest mit dem Mixstab pürieren und kräftig abschmecken.

Nährwerte pro Rezept

810 kcal / F 14 g / KH 143 g / E 19 g

Kürbis-Zitronengras-Suppe

Diese Suppe schmeckt an heißen Tagen auch kalt sehr gut.

▶ Für 2 Personen

Gelingt leicht ⏱ 10 Min. + 20 Min. Garzeit

120 g Kürbis · 1 Stängel Zitronengras · 2 EL Zwiebeln · etwas Ingwer · Currypulver, 400 ml Gemüsebrühe oder Wasser · 1 EL Mandelöl · etwas Himbeeressig · Salz | Pfeffer, frisch gemahlen

- Kürbis in walnussgroße Würfel schneiden. Die äußeren, harten Blätter vom Zitronengras entfernen, den Rest fein hacken. Die Zwiebeln fein schneiden. Zwiebeln, Zitronengras, Kürbis und die Gewürze ohne Fett andünsten. Mit der Flüssigkeit ablöschen und weich kochen.
- Die Suppe im Mixbecher pürieren, bis eine sämige, glatte Suppe entstanden ist. Mit Salz und Pfeffer abschmecken. Das Mandelöl und den Himbeeressig zugeben und nochmals aufmixen. Falls die Suppe zu sämig sein sollte, lässt sich mit Gemüsebrühe oder Milch die Konsistenz einstellen.

Nährwerte pro Rezept

125 kcal / F 10 g / KH 7 g / E 2 g

WISSEN

Gewürze aus Übersee

Komplett auf Gewürze aus anderen Ländern oder Kontinenten zu verzichten ist aus Klimaschutzgründen nicht notwendig. Bestimmte Gewürze sind nicht regional zu bekommen, da sie bei uns nicht gedeihen, doch wer möchte schon ohne Pfeffer oder Muskatnuss auskommen? Transporte per Flugzeug sind extrem klimaschädlich, mehrere Hundert Mal belastender als Schiffstransporte. Daher ist es besser, um Flugware einen Bogen zu machen. Gewürze gelangen aber in der Regel auf dem Wasserweg zu uns nach Europa, daher braucht man nicht auf Tamari, Kreuzkümmel, Safran oder Kurkuma zu verzichten. Genuss und Klimaschutz sind also keine Gegensätze.

Sataysauce

Prima zu Frühlingsrollen oder scharf marinierten Hähnchenspießen.

▶ Für 2 Personen
Gut vorzubereiten
10 Min. + 20 Min. Garzeit

30 g Zwiebeln · 1 Knoblauchzehe · 1 TL Sesamöl (geröstet) · etwas Ingwer · Currypulver · Kreuzkümmel · 500 ml Gemüsebrühe · 50 g ungesalzene Erdnüsse · 100 ml Kokosmilch · 1 EL Reismehl · 2 EL Tamari

- Die Zwiebeln fein schneiden, den Knoblauch pressen und beides im Sesamöl andünsten. Den Ingwer fein reiben und dazugeben, Currypulver und Kreuzkümmel darüberstreuen und mit der Gemüsebrühe ablöschen.
- Die Erdnüsse hacken, trocken anrösten und zur Brühe geben. Reismehl unterrühren und Tamari dazugeben. Das Ganze auf ein Drittel reduzieren lassen, die Kokosmilch zugeben, aufkochen und im Mixer pürieren, sodass eine leicht sämige Sauce entsteht.

Nährwerte pro Rezept
415 kcal / F 31 g / KH 17 g / E 17 g

Tipp

Kokosmilch können Sie auch selbst herstellen. Einfach 1 Teil Kokosflocken und 2 Teile Wasser aufkochen und 2 Stunden quellen lassen.

Kürbiskugeln

Eine prima Gemüsebeilage für indisch gewürzte Currys.

▶ Für 2 Personen
Gelingt leicht
20 Min. + 20 Min. Garzeit

300 g Hokkaido-Kürbis · ½ Zwiebel · 1 EL Kürbiskerne · etwas Ingwer · 2 EL Olivenöl · 50 ml Gemüsebrühe · 1 EL Kokosflocken · 2 getrocknete Feigen · ½ TL Zitronengras · 1 EL Tamari

- Aus dem Kürbis mit einem Kartoffelausstecher Kugeln ausstechen oder den Kürbis in 1 cm große Stücke würfeln. Die Zwiebel abziehen und in Würfel schneiden. Die Kürbiskerne in einer Pfanne trocken anrösten. Die Zwiebel und die Kürbiskugeln dazugeben, den Ingwer darüberreiben, mit dem Öl beträufeln und bei mittlerer Hitze dünsten.
- Die Gemüsebrühe mit den Kokosflocken aufkochen und durch ein Sieb zum Kürbis geben. Die getrockneten Feigen in feine Würfel schneiden und mit dem Zitronengras zum Kürbis geben. Gar dünsten. Zum Schluss Tamari hinzugeben und abschmecken.

Nährwerte pro Portion
215 kcal / F 16 g / KH 12 g / E 5 g

Frühlingsrollen

Eine asiatische Vorspeise, köstlich zusammen mit der Sataysauce.

▶ Für 2 Personen
Gelingt leicht 20 Min.
+ 25 Min. Gar- und Backzeit

100 g Blumenkohlröschen · 100 g Zuckerschoten · 100 g Lauchzwiebeln · 100 g Chinakohl · 100 g Austernpilze · 100 g Mungobohnensprossen · Currypulver · Kreuzkümmel · Ingwer · 1 EL Sesam · 1 EL Reismehl · Tamari · 4 Blätter Frühlingsrollenteig oder Reisblätter · 1 TL Sesamöl

- Das Gemüse in feine Streifen schneiden. Currypulver, Ingwer und Kreuzkümmel in einer Pfanne erhitzen, bis die Gewürze duften. Das Gemüse zugeben und andünsten. Den Sesam trocken anrösten und zum Gemüse geben.
- Zum Schluss das Reismehl zugeben. So wird die überschüssige Flüssigkeit gebunden und die Frühlingsrollen weichen nicht auf. Das Gemüse mit Tamari und den Gewürzen abschmecken.
- Die Gemüsemischung auf dem Frühlingsrollenteig verteilen, einrollen und auf ein gefettetes Blech legen. Frühlingsrollen mit Sesamöl besprühen und im Ofen bei 180 Grad (Umluft 160 Grad) 15 Min. backen.

Nährwerte pro Portion
270 kcal / F 8 g / KH 37 g / E 12 g

Asiatische Sprossenpfanne

Eine kunterbunte Pfanne mit Tofu und Cashewkernen.

▶ Für 2 Personen

Gelingt leicht ⏲ 20 Min. + 30 Min. Garzeit

1 Knoblauchzehe · 1 kleine Zwiebel · ½ TL Ingwer · ½ TL Currypulver · Chili · ½ TL Kreuzkümmel · 200 g Tofu · 50 g Karotten · 50 g Kohlrabi · 50 g Shiitake- oder Austernpilze · 50 g Zucchini · 50 g bunte Paprika · 50 g Erbsschoten · 120 g Mungobohnen- und/oder Sojasprossen · 1 EL Sesamöl (geröstet) · 1 EL Honig · 200 g Gemüsebrühe · 2 EL Reismehl · Tamari · 1 EL frischer Koriander · 20 g Cashewkerne (geröstet)

- Den Knoblauch pressen, die Zwiebel und den Ingwer fein schneiden und zusammen mit Currypulver, Kreuzkümmel und Chili in eine Pfanne geben und vorsichtig erhitzen. Den Tofu in 1 cm dicke Würfel schneiden, dazugeben und anrösten. Bei Bedarf etwas von dem Sesamöl dazugeben.
- Das Gemüse in gleichmäßige längliche Blättchen schneiden und entsprechend ihrer Garzeit nach und nach dazugeben und weich dünsten. Zuerst die Karotten und Kohlrabi, dann die Pilze, dann das restliche Gemüse und zum Schluss die Sprossen dazugeben und kurz mitgaren.
- Das Ganze mit der Gemüsebrühe ablöschen, das Reismehl einstreuen und kurz aufkochen lassen. Mit Tamari und dem restlichen Sesamöl abschmecken. Den Koriander hacken und zusammen mit den gerösteten Cashewkernen dazugeben.

▶ Das passt dazu

Reis oder Reisnudeln passen sehr gut. Sie kann auch prima mit der Sataysauce (S. 96) kombiniert werden.

Nährwerte pro Portion

375 kcal / F 17 g / KH 32 g / E 25 g

Tipp

Beim Anrösten der Gewürze diese nicht zu heiß werden lassen, da sie sehr schnell verbrennen und dann bitter schmecken.

Japanische Gemüsepfanne mit Kokosschaum

Köstlich zusammen mit Buchweizennudeln.

▶ Für 2 Personen

Gelingt leicht ⏲ 20 Min. + 30 Min. Garzeit

Für die Gemüsepfanne: 150 g Shiitakepilze · 150 g rote Zwiebeln · 150 g rote Paprika · 150 g Mangold (mit Stiel) · 1 EL Sesam · Currypulver · Kreuzkümmel · Knoblauch · Ingwer · 1 EL Sesamöl · Tamari

Für den Kokosschaum: 1 TL Ingwer · 1 Knoblauchzehe · 50 g Kokosflocken · 500 ml Reismilch · Zitronengras · etwas Thaibasilikum (oder Zitronenbasilikum) · 2 EL Reismehl

- Die Pilze in Streifen, die roten Zwiebeln in schmale Spalten und Paprika in längliche Streifen schneiden. Mangoldstiel vom Grün trennen, in längliche Streifen schneiden, die Blätter längs halbieren und ebenfalls in Streifen schneiden.
- In einer Pfanne den Sesam mit Ingwer, Knoblauch, Zwiebeln, Currypulver und Kreuzkümmel so lange erhitzen, bis es angenehm duftet. Dann das Gemüse dazugeben und das Sesamöl hinzufügen. Die Mangoldblätter als Letztes mit anbraten. Mit Tamari ablöschen und mit den zuvor verwendeten Gewürzen abschmecken.
- Für den Kokosschaum den Ingwer und den zerdrückten Knoblauch anbraten, die Kokosflocken mit anrösten, alles mit der Reismilch ablöschen. Die äußeren, harten Blätter vom Zitronengras entfernen, den Rest fein hacken und mit dem Thaibasilikum zugeben.
- Etwas kochen lassen, dann mit Reismehl binden. Den Sud fein mixen und durch ein Sieb gießen. Mit wenig Tamari abschmecken. Mit einem Milchaufschäumer oder mit dem Stabmixer zu einem festen Schaum aufschäumen.

▶ Das passt dazu

Mit Buchweizennudeln servieren. Das Gericht kann auch mit gebratenem Geflügel kombiniert werden.

Nährwerte pro Portion

390 kcal / F 22 g / KH 33 g / E 17 g

Vegetarisches Sushi

Hier der Beweis: Sushi ist auch ohne Fisch gut.

▶ Für 12 Algenblätter
Gut vorzubereiten
40 Min. + Kühl- und Marinierzeit

Für den Reis:
500 g Rundkorn-Naturreis
1,4 l Wasser
60 ml Reisessig
¼ TL Salz

Für die Füllung:
Hoshinori- oder Yakinori-Algenblätter
Wasabi-Meerrettich
Avocado
Gurke
Rettich
Karotte
Tofu
Pilze
frisch geriebener Ingwer
Knoblauch
Zitronengras
Tamari
Currypulver
Kreuzkümmel
Misopaste
geröstetes Sesamöl

Außerdem:
Bambusmatte (zur Sushi-Herstellung, gibt es im Asialaden)
eingelegter Ingwer
Tamari

- Den Reis waschen, abtropfen lassen und in 1,4 l Wasser weich kochen. Wenn der Reis gar ist, den Reisessig und das Salz unterrühren. Den Reis vor der Weiterverarbeitung auskühlen lassen.
- Für die Füllung Tofu und Pilze anbraten, Karotte und Rettich fein reiben. Avocado in lange Streifen schneiden. Gurke schälen und in Streifen schneiden. Gemüse und Tofu marinieren: Als Gewürze eignen sich Ingwer, Knoblauch, Zitronengras, Tamari, Currypulver, Kreuzkümmel, Misopaste, geröstetes Sesamöl.
- Ein Algenblatt auf die Bambusmatte legen, hauchdünn mit Wasabi bestreichen (er ist wirklich sehr scharf) und zu zwei Dritteln ½ cm dick mit Sushireis bedecken. Den oberen Rand 1 cm frei lassen. Darauf die Einlage für die Füllung legen. Die Bambusmatte von der unteren Seite beginnend aufrollen.
- Achten Sie darauf, dass die Noriblätter nicht brechen und eine schöne feste Rolle entsteht. Die Bambusmatte entfernen und mit einem in kaltem Wasser getränkten, scharfen Küchenmesser die Rolle in Stücke schneiden. Etwas süß-sauer eingelegten Ingwer und Wasabi dazu reichen. Zum Dippen der Sushi ein Schälchen Tamari bereitstellen oder mit der Pflaumensauce (S. 94) servieren.

Nährwerte pro Rolle
115 kcal / F 2 g / KH 17 g / E 7 g

WISSEN

Reis für Sushi

Sehr wichtig bei Sushi ist, dass der Reis richtig gekocht wird. Damit der Reis eine klebende Konsistenz erreicht, verwenden Sie Rundkorn-Naturreis. Salz und Säure dürfen bei Naturreis erst nach dem Kochen dazugegeben werden, da diese verhindern würden, dass der Reis weich wird.

Geschmortes Kaninchen

Falls Sie sich noch nie an Kaninchen gewagt haben, die Zubereitung ist kinderleicht.

▶ **Für 6 Personen**

Braucht etwas mehr Zeit **20 Min. + 1½ Stunden Garzeit**

1 Kaninchen (2–2,5 kg) · 1 EL Bratöl · Salz | Pfeffer, frisch gemahlen · 1 Zwiebel · 1 Karotte · 1 Lauch · 1 kleine Sellerieknolle · 1 EL Tomatenmark · ¼ l Rotwein

- Die Schultern und die Keulen vom Rumpf des Kaninchens ablösen. Die Rückenfilets vom Knochen lösen, sauber zuschneiden und kühl stellen. Die Schulter, Keulen, Brustlappen und den Hals in größere Stücke zerteilen und kräftig mit Salz und Pfeffer würzen.
- In einer Kasserolle die Fleischteile in etwas Bratöl rundum kräftig anbraten. Das Gemüse in walnussgroße Stücke schneiden und kurz mit anbraten. Das Tomatenmark dazugeben und mit anrösten, bis alles gebräunt ist, dann mit dem Rotwein ablöschen. 250 ml Wasser angießen und im Ofen bei 140 Grad (Umluft 125 Grad) 1¼ Stunden schmoren. Falls notwendig zwischendurch etwas Wasser nachfüllen.
- Die Kaninchenstücke herausnehmen und warm stellen. Die Sauce bis auf 250 ml reduzieren, durch ein Sieb gießen und nochmals abschmecken. Die Rückenfilets mit etwas Bratöl in einer heißen Pfanne anbraten und 5 Min. ziehen lassen. Die Fleischstücke zurück in die Sauce geben, erwärmen und mit den aufgeschnittenen Rückenfilets anrichten.

▶ **Das passt dazu**

Mit Kartoffelbrei oder Topinambur servieren.

Nährwerte pro 100 g

160 kcal / F 7 g / KH 1 g / E 20 g

GERICHTE MIT FLEISCH

Tafelspitz mit Apfel- oder Semmelkren

Ein Klassiker mit zwei unterschiedlichen Saucen.

▶ Für 6 Personen

Braucht etwas mehr Zeit ⏲ 30 Min. + 2½ Stunden Garzeit

2 Zwiebeln · 3 l Wasser · Salz · 2 Lorbeerblätter · 1 TL zerdrückte Pfefferkörner · 2 Wacholderbeeren · etwas Selleriegrün · 1 Petersilienstängel · 1,5 kg Tafelspitz · 1 Lauch · 1 Sellerie · 1 Karotte

- Eine Zwiebel halbieren und ohne Fett im Topf anbräunen, dann das Wasser zugeben und zum Kochen bringen. ½ TL Salz, Lorbeerblätter, die Pfefferkörner und Wacholderbeeren dazugeben. Petersilienstängel und Selleriegrün zusammenbinden und ebenso dazugeben.
- Den Tafelspitz in das kochende Wasser geben, Temperatur vermindern, sodass es nur noch leicht siedet. Zugedeckt ungefähr 2 Stunden sieden lassen, dabei immer wieder den Schaum, der sich oben absetzt, abschöpfen.
- Das Gemüse waschen, schälen, in kirschgroße Stücke schneiden und dazugeben. Eine weitere halbe Stunde sieden lassen. Am Ende das Gemüse und den Tafelspitz aus der Brühe nehmen, das Fleisch etwas ruhen lassen, dann in fingerdicke Scheiben schneiden. Zusammen mit dem Gemüse mit etwas Brühe bedeckt servieren.

Nährwerte pro 100 g

170 kcal/ F 10 g/ KH 1 g/ E 21 g

WISSEN

Meerrettich

Wenn der Meerrettich in der Sauce ist, sollte sie nicht mehr aufgekocht werden, da sonst die Senföle verdampfen und die Sauce an Aroma verliert und bitter werden kann.

Apfelkren

Schön säuerlich, passt auch gut zu kaltem Braten.

▶ Für 6 Personen

Geht schnell ⏲ 10 Min.

2 Äpfel (säuerlich) · 2 EL Meerrettich, frisch gerieben · etwas Zitronensaft

- Die Äpfel vierteln, entkernen und fein reiben. Mit dem Meerrettich vermischen und etwas Zitronensaft abschmecken.

Nährwerte pro Rezept

135 kcal/ F 0 g/ KH 35 g/ E 1 g

Semmelkren

Eine sahnige Sauce zum Tafelspitz.

▶ Für 6 Personen

Gelingt leicht ⏲ 20 Min.

120 g Weißbrot, entrindet (oder 3 altbackene Brötchen) · ¼ l Tafelspitzbrühe · ¼ l Sahne · Zitronensaft · 3 EL Meerrettich, frisch gerieben · Salz | Pfeffer, frisch gemahlen

- Das Brot entrinden, klein schneiden, mit heißer Tafelspitzbrühe übergießen und kurz aufkochen. Die Hälfte der Sahne dazugeben und pürieren. Die restliche Sahne schlagen und zusammen mit dem Meerrettich unter die noch heiße Sauce rühren. Mit Zitronensaft, Salz und Pfeffer abschmecken. Direkt servieren.

Nährwerte pro Rezept

1070 kcal/ F 81 g/ KH 71 g/ E 17 g

Gefüllte Kalbsbrust

Klassisch-lecker, ein echter Sonntagsbraten!

▶ Für 6 Personen
Gut vorzubereiten
30 Min. + 2 Stunden Garzeit

1,5 kg Kalbsbrust
4 trockene Vollkornbrötchen
1 Zwiebel
1 Bund Petersilie
250 ml Milch
4 Eier
200 g Kalbsbrät (beim Metzger bestellen)
Salz | Pfeffer, frisch gemahlen
Muskatnuss
1 TL Bratöl
200 g Kalbsknochen
1 EL Tomatenmark
1 Karotte
1 Sellerie
1 Zwiebel

- Die vom Metzger gerichtete Kalbsbrust von den letzten Knorpeln befreien und fette Stellen wegschneiden. Die Kalbsbrust beiseitelegen. Die Brötchen in dünne Scheiben schneiden und die Zwiebel fein würfeln. Die Petersilie fein hacken und alles zusammen in eine Schüssel geben. Die Milch aufkochen und damit die Brötchenmasse übergießen.
- Zugedeckt quellen lassen, dann mit den Händen gut durchkneten. Eier und Kalbsbrät dazugeben und alles zu einer homogenen Masse verarbeiten und mit Salz, Pfeffer und Muskatnuss würzen. Die Füllung mittig auf der Kalbsbrust verteilen und die Enden übereinanderschlagen. Mit einem Bindfaden und einer Fleischnadel die Brust an den drei offenen Seiten zunähen.
- Die Brust in einer Kasserolle in wenig Fett rundherum schön braun anbraten, die Kalbsknochen dazugeben und bei 140 Grad (Umluft 125 Grad) in den Ofen schieben. Das Gemüse schälen und in walnussgroße Würfel schneiden. Nach einer halben Stunde dazugeben und mitrösten lassen, das Tomatenmark dazugeben, und wenn alles gebräunt ist, mit 750 ml Wasser ablöschen.
- Nach insgesamt 2 Stunden sollte die Kalbsbrust fertig sein. Die Kalbsbrust herausnehmen, die Sauce auf einen halben Liter reduzieren lassen und das verbliebene Gemüse mit dem Pürierstab fein pürieren. Das Gemüse soll die Sauce binden. Die Kalbsbrust in fingerdicke Scheiben schneiden und vor dem Servieren den Bindfaden entfernen.

▶ Das passt dazu

Lecker mit selbst gemachten Spätzle und Gemüse.

Nährwerte pro 100 g

140 kcal / F 8 g / KH 5 g / E 11 g

Ochsenschwanzragout

Ein üppiges Gericht mit einer tollen Rotweinsauce und wunderbar zartem Fleisch.

- Zwiebeln, Sellerie, und Karotten mit der Schale in walnussgroße Stücke schneiden. Ochsenschwanz und Beinscheiben in Mehl wenden und in einer Kasserolle von allen Seiten anbraten, sodass sie eine gleichmäßige, hellbraune Farbe annehmen. Beides herausnehmen, das geschnittene Gemüse bei mittlerer Hitze anbraten, bis es leicht braun ist.
- Das Tomatenmark zugeben und verrühren. Sobald es sich am Topfboden bräunt, mit etwas Balsamico und gleich darauf mit Wasser ablöschen. Die Flüssigkeit verdunsten lassen, damit es wieder anfängt zu braten. Es soll eine kräftige, dunkle Farbe und ein angenehmes Röstaroma bekommen.
- Den Vorgang 3- bis 4-mal wiederholen, mit 4 EL Mehl bestäuben, dann den Ochsenschwanz und die Kalbsbeinscheiben wieder dazugeben, mit der Rinderbrühe und dem Wein aufgießen. Die Pfefferkörner dazugeben.
- Das Ochsenschwanzragout im Ofen bei 150 Grad (Umluft 135 Grad) 3 Stunden lang mit geschlossenem Deckel schmoren lassen. Alternativ kann man das Fleisch auch im Topf auf dem Herd ganz sanft köcheln lassen (2–3 Stunden).
- Die Sauce mit Salz und etwas Balsamico abschmecken. Und wenn gewünscht, die Fleischstücke herausnehmen, die Sauce durch ein Sieb passieren und wieder zum Fleisch geben.

▶ **Das passt dazu**

Schmeckt gut mit Polenta (S. 76) oder weißem Bohnenmus (S. 41).

Nährwerte pro 100 g

160 kcal / F 11 g / KH 1 g / E 13 g

▶ **Für 6–8 Personen**
Braucht etwas mehr Zeit
30 Min. + 3 Stunden Garzeit

3 große Zwiebeln
1 kleine Sellerie
2 mittlere Karotten
2,5 kg Ochsenschwanz (geschnitten)
2 Beinscheiben vom Kalb (Osso Buco) je ca. 200–250 g
Mehl
2 EL Bratöl
3 EL Tomatenmark
5 EL Balsamico-Essig
½ l Wasser
3 Lorbeerblätter
5 Wacholderbeeren
½ l trockener Rotwein
2 l Rinderbrühe (oder Wasser)
1 TL zerdrückte Pfefferkörner

Hühnersupppe

Wärmt an kalten Tagen!

▶ Für 6–8 Personen

Gut vorzubereiten ⏲ 20 Min. + 90 Min. Garzeit

1 Suppenhuhn (2,5 kg) · 1 TL Pfefferkörner · 2 Lorbeerblätter · 1 kleines Stück Ingwer · 2 Knoblauchzehen · 1 kleine frische Chilischote (mittelscharf) · 1 Lauchstange · 1 mittelgroße Sellerieknolle · 1 Karotte · Petersilienstängel

- Das Huhn gründlich unter fließendem Wasser abwaschen, die Fettdrüse abschneiden. Das Huhn in einen großen Topf geben, mit kaltem Wasser aufgießen. Pfefferkörner zerdrücken und zusammen mit den Lorbeerblättern zum Huhn geben. Ingwer und Knoblauch in Scheiben schneiden und dazugeben, Chilischote im Ganzen hinzufügen.
- Den Lauch längs halbieren, Sellerie vierteln und Karotte längs halbieren. Die Hälfte des Gemüses sowie die Petersilienstängel zusammenbinden und mit in den Topf geben. Alles zum Kochen bringen und die Hitze so regulieren, dass die Suppe nur leicht köchelt. Immer wieder den Schaum, der sich an der Oberfläche absetzt, abschöpfen. Das restliche Gemüse in feine Streifen schneiden.
- Nach 1½ Stunden das Huhn aus der Brühe nehmen, etwas abkühlen lassen und das Fleisch von den Knochen lösen. Das Brustfleisch beiseitelegen, ebenso das Fleisch von den Keulen. Wer möchte, kann das Fleisch aufheben und daraus das Hühnerragout (S. 108) herstellen. Ansonsten Bruststück und Keulen in Streifen schneiden und zusammen mit dem restlichen Fleisch zur Seite legen.
- Die Brühe durch ein Sieb gießen, mit Salz abschmecken. In die Brühe die Gemüsestreifen geben, kurz ziehen lassen, dann das Fleisch zugeben.

Nährwerte pro 100 g

220 kcal / F 15 g / KH 1 g / E 21 g

Sulmtaler Hahn mit Herbstgemüse

Saftig-zartes Fleisch, krosse Haut, leckeres Ofengemüse!

▶ Für 6 Personen

Gelingt leicht ⏲ 20 Min. + 1 Stunde Garzeit

1 Sulmtaler Hahn (2,5 –3 kg) · Salz | Pfeffer, frisch gemahlen · 3 Zwiebeln · 3 rote Paprikaschoten · 1 Hokkaido-Kürbis · Zitronenthymian

- Das Hähnchen halbieren und in Stücke zerteilen. Mit Salz und Pfeffer würzen, die Bruststücke beiseitelegen und den Rest in einer Kasserolle anbraten. Für ca. 1 Stunde bei 140 Grad (Umluft 125 Grad) im Backofen backen.
- Das Gemüse in größere Würfel schneiden und zusammen mit dem Brustfleisch nach einer halben Stunde zu den anderen Fleischteilen geben. Das Fleisch immer wieder wenden und mit dem ausgetretenen Bratfett übergießen. Nach etwa 1 Stunde prüfen, ob die Keulenstücke weich sind und das Gemüse gar ist.
- Für die letzten 5 Min. den Obergrill des Ofens anmachen oder auf Oberhitze stellen, damit die Haut des Hähnchens leicht kross wird. Den Zitronenthymian zupfen und damit das Gericht bestreuen.

▶ Das passt dazu

Servieren Sie das Hähnchen einfach mit frischem Brot.

Nährwerte pro 100 g

100 kcal / F 5 g / KH 2 g / E 12 g

▶ Sulmtaler Hahn mit Herbstgemüse

Hühnerragout

Prima, wenn von der Hühnersuppe noch Fleisch übrig ist.

▶ Für 6 Personen

Geht schnell ⏲ 20 Min. + 30 Min. Garzeit

Brust- und Keulenfleisch eines Suppenhuhns · 150 g Kartoffeln · ½ Sellerieknolle · 1 weiße Zwiebel · 1 Stange Lauch (weiße Teile) · 1 mittelgroße Pastinake oder Petersilienwurzel 1 EL Olivenöl · 1 l Hühnerbrühe · 100 ml Sojamilch (oder Sahne bzw. fettarme Milch) · Salz · Saft von ½ Zitrone · 1 EL Estragon · 2 EL Kerbel

- Kartoffeln, Sellerie und Pastinake schälen und in walnussgroße Stücke schneiden. Die Zwiebel in gröbere Würfel schneiden. Lauch längs halbieren und grob schneiden. Das gewürfelte Gemüse in Olivenöl, ohne dass es Farbe nimmt, anschwitzen.
- Mit Hühnerbrühe aufgießen und zum Kochen bringen. Hitze vermindern und etwa 30 Min. köcheln lassen, bis das Gemüse weich ist. Zusammen mit der Sojamilch mixen, bis eine sämige Sauce entsteht. In einen Topf geben, mit Salz und Zitronensaft abschmecken. Das Fleisch von Brust und Keule in Streifen schneiden und in die Sauce geben. Estragon und Kerbel fein schneiden und kurz vor dem Servieren unter die Sauce mischen.

▶ Das passt dazu

Mit Reis oder breiten Nudeln servieren.

Nährwerte pro 100 g

50 kcal / F 3 g / KH 3 g / E 3 g

Kalbsherz und Züngle in Schnittlauchrahm

Ein in Vergessenheit geratenes Rezept für den Sonntag.

▶ Für 6 Personen

Gelingt leicht ⏲ 30 Min. + 1 Stunde Garzeit

1 Kalbsherz (800 g) · 1 Kalbszüngle (800 g) · 3 l Wasser · 1 Zwiebel · 2 Lorbeerblätter · 4 Nelken · 3 EL Apfelessig

Für die Sauce: 300 g weißes Gemüse (Sellerie, Fenchel, Petersilienwurzel) · 50 g Kartoffeln · 50 g Lauch (weiße Teile) 125 ml Weißwein · Salz | Pfeffer, frisch gemahlen · 125 ml Sahne · 2 Bund Schnittlauch

- Das Kalbsherz halbieren. Herz und Zunge unter fließend kaltem Wasser abwaschen. 3 l Wasser mit Salz, dem Herz und Züngle in einen Topf geben. Die Zwiebel halbieren und mit je 1 Lorbeerblatt und 2 Nelken spicken und mit dem Essig ebenfalls zum Wasser geben. Zum Kochen bringen, wenn notwendig abschäumen und bei kleiner Hitze weiter köcheln lassen.
- Die Zunge wird nach ca. 45 Min. weich sein, das Herz braucht etwas länger. Die Zunge aus dem Topf nehmen, leicht abkühlen lassen und mit einem scharfen Messer die Haut abziehen. Wenn das Herz weich ist, ebenfalls aus dem Sud nehmen und beiseitestellen.
- Für die Sauce das weiße Gemüse, die geschälten Kartoffeln und den Lauch in walnussgroße Würfel schneiden und bei mittlerer Hitze anschwitzen, bis es angenehm duftet. Mit dem Wein ablöschen.
- Den Sud durch ein Sieb gießen und ca. 500 ml davon zum Gemüse geben. So lange kochen lassen, bis das Gemüse weich ist. Die Sahne hinzufügen, alles pürieren und mit Salz und Pfeffer würzen. Die Zunge und das Herz in fingerdicke Scheiben schneiden und in der Sauce zusammen mit dem frisch geschnittenen Schnittlauch erwärmen.

▶ Das passt dazu

Sehr lecker dazu sind breite Nudeln oder Reis.

Nährwerte pro 100 g

140 kcal / F 7 g / KH 6 g / E 12 g

Sauerbraten vom Lamm

Etwas ganz Besonderes, die Sauce ist einfach umwerfend.

▶ Für 6 Personen

Braucht etwas Zeit ⏲ 2 Stunden + 5 Tage Marinierzeit

1 Zwiebel · 1 Karotte · ¼ l Rotwein · ¼ l Wasser · 2 Lorbeerblätter · 5 Nelken · 10 Wacholderbeeren · 2 Lammhälse (ausgelöst), 800 g mit den Knochen (vom Metzger mitgeben lassen) · 1 EL Vollrohrzucker · Salz · 1 TL Öl · 1 EL Tomatenmark · 2 EL Vollkornmehl

- Die Zwiebel und die Karotte in walnussgroße Würfel schneiden und in eine große Schüssel füllen. Rotwein und Wasser mit den Gewürzen, Vollrohrzucker und etwas Salz dazugeben und das Fleisch zusammen mit den Knochen ca. 5 Tage lang in die Marinade einlegen. Im Kühlschrank aufbewahren und immer wieder mal wenden.
- Die Lammhälse und die Knochen aus der Marinade nehmen und mit Küchenkrepp abtrocknen. Das Öl in einer Kasserolle erhitzen und das Fleisch und die Knochen rundherum anbraten.
- Das Fleisch herausnehmen, das Tomatenmark zu den Knochen geben, anrösten, mit Mehl bestäuben und etwas Marinade ablöschen, einkochen lassen und wieder mit Marinade ablöschen. Diesen Vorgang so lange wiederholen, bis alles eine leicht braune Farbe hat. Dann das Fleisch wieder dazugeben. Die restliche Marinade angießen, und ca. 1½ Stunden im Backofen bei 120 Grad (Umluft 110 Grad) schmoren.
- Das Fleisch entnehmen, in fingerdicke Scheiben schneiden, die Sauce durch ein Sieb gießen und das Fleisch darin servieren.

▶ Das passt dazu

Sehr lecker zu Serviettenknödeln (S. 72) oder Polenta (S. 76).

Nährwerte pro 100 g

150 kcal / F 9 g / KH 3 g / E 11 g

Involtini

Ein schnelles mediterranes Rezept für Rouladen.

▶ Für 2 Personen

Geht schnell ⏲ 10 Min. + 15 Min. Garzeit

Für die Röllchen: 140 g Schweineoberschale (in 2 dünne Schnitzel geschnitten) · 1 kleine Zucchini · 1 Tomate · 6 Basilikumblätter · 80 g Mozzarella · 1 kleine Zwiebel · 3 Tomaten · 1 TL Bratöl · 1 Knoblauchzehe · 2 Rosmarinzweige · 1 EL Olivenöl · Salz | Pfeffer, frisch gemahlen

- Die Schnitzel ausbreiten und mit Salz und Pfeffer würzen. Die Zucchini längs in sehr dünne Scheiben, Tomaten und Mozzarella in dünne Scheiben schneiden, den Basilikum in Streifen schneiden.
- Die Schnitzel dünn mit den Zucchini- und Tomatenscheiben, dem Basilikum und zum Schluss mit dem Mozzarella belegen, mit Salz und Pfeffer würzen und vorsichtig aufrollen und mit einem Zahnstocher fixieren.
- Die Zwiebel und die Tomaten würfeln. Das Bratöl in die Pfanne geben und die Röllchen darin von allen Seiten anbraten. Die Zwiebeln und Tomaten dazugeben und den Knoblauch dazu pressen.
- Mit Salz und Pfeffer würzen, die Rosmarinzweige dazulegen und bei geschlossenem Deckel 10 Min. bei mittlerer Hitze dünsten lassen. Vor dem Servieren die Rosmarinzweige herausnehmen und das Olivenöl darüberträufeln.

▶ Das passt dazu

Einfach Spaghetti dazu kochen, mit der Tomatensauce mischen und zu den Röllchen essen.

Nährwerte pro 100 g

83 kcal / F 5 g / KH 2,1 g / E 7,1 g

Rindergeschnetzeltes

Hier ist das Gemüse schon mit drin.

▶ Für 2 Personen

Gelingt leicht 15 Min. + 25 Min. Garzeit

150 g grüne Bohnen · 200 g Rinderoberschale (zum Kurzbraten geeignet) · 1 TL Bratöl · 200 g bunte Paprika · 100 g Zwiebeln · 1 Knoblauchzehe · 2 Lorbeerblätter · 1 EL Senf · 1 EL Reismehl · 300 ml fettarme Milch · Salz | Pfeffer, frisch gemahlen · 1 EL Bohnenkraut · 1 EL Olivenöl

- Die Bohnen in wenig Wasser oder im Siebeinsatz dämpfen, bis sie gar sind, und dann kurz in kaltem Wasser abschrecken.
- Das Rindfleisch feinblättrig schneiden. Zwiebel und Paprika ebenfalls in sehr dünne Streifen schneiden. In einer großen Pfanne das Bratöl erhitzen, das Rindfleisch zugeben und bei starker Hitze ca. 1 Min. anbraten. Zwiebeln, Paprika und die Lorbeerblätter dazugeben, den Knoblauch hineinpressen und alles zusammen ca. 5 Min. braten.
- Die Bohnen in mundgerechte Stücke kürzen und zusammen mit dem Senf dazugeben, kurz durchschwenken. Das Ganze mit dem Reismehl bestäuben, mit der Milch ablöschen, aufkochen lassen und mit Salz und Pfeffer würzen. Das Bohnenkraut hacken und zusammen mit dem Olivenöl unterziehen.

Nährwerte pro 100 g

70 kcal/ F 3 g/ KH 4 g/ E 6 g

Tipp

Fragen Sie bei Ihrem Fleischer nach, welches Fleisch sich zum Kurzbraten eignet. Beispielsweise ist eine von Sehnen befreite Rinderhesse (Rinderwade) wunderbar – und im Vergleich zu Rinderrücken oder Filet viel preiswerter. Aber auch Oberschale oder Hüfte eignen sich für dieses Gericht optimal.

Geflügel-Gemüse-Pfanne

Hühnchen mal asiatisch

▶ Zutaten für 2 Personen

Gelingt leicht 15 Min. + 25 Min. Garzeit

2 Hähnchenkeulen · 1 kleine Zwiebel · 1 Karotte · 1 Pastinake 2 Mangoldblätter · 1 EL Honig · Curry · Koriander · 100 ml Sojamilch · 1 EL Reismehl · Salz | Pfeffer

- Das Hähnchenfleisch vom Knochen lösen und in dünne Blättchen schneiden.
- Die Zwiebel in Streifen schneiden und in einer Pfanne bei mittlerer Hitze zusammen mit Curry und Koriander anbraten. Wenn alles gut duftet, das Fleisch zugeben und auf volle Hitze aufdrehen. Wenn das Fleisch schön knusprig angebraten ist, den Honig zugeben und leicht karamellisieren lassen.
- Die Karotte und die Pastinake ebenfalls in dünne Scheibchen schneiden, dazugeben und mitbraten.
- Danach die klein geschnittenen Stiele des Mangold in die Pfanne geben. Kurz bevor das Gemüse weich ist, die geschnittenen Blätter dazugeben.
- Mit der Sojamilch ablöschen, mit dem Reismehl binden und 2 Minuten durchköcheln lassen. Mit Salz und Pfeffer abschmecken.

▶ Das passt dazu

Mit Reis oder Nudeln servieren.

Nährwerte pro 100 g

358 kcal/ F 0,65 g/ KH 79,6 g/ E 7,2 g

Schäufele auf Linsen

»Schäufele« ist ein typisch badisches Sonntagsessen.

- Das Fleisch in einen großen Topf geben, mit kaltem Wasser bedecken und aufkochen lassen. Etwa 1½ Stunden bei 90 Grad gar ziehen lassen. Die Linsen in kaltem Wasser 1 Stunde einweichen.
- Das Gemüse putzen und in kleine Würfel schneiden. Die Gemüsereste in den Schäufele-Sud geben. Die Zwiebeln im Walnussöl glasig anschwitzen. Sellerie- und Karottenwürfel dazugeben, mit Salz und 1 Prise Vollrohrzucker würzen. Das Ganze nochmals kräftig anschwitzen und mit etwas Gemüsebrühe auffüllen und weich dünsten.
- Die Linsen knapp mit Wasser bedecken und in ca. 15 Min. weich kochen. Wenn die Linsen und das Gemüse bissfest sind, miteinander mischen und eventuell etwas Linsensud dazugeben.
- Das Schäufele aus der Kochbrühe herausnehmen, etwas ruhen lassen und in fingerdicke Scheiben schneiden. Zusammen mit dem Linsengemüse auf einem Teller anrichten.

▶ Für 8–10 Personen
Gelingt leicht
1 Stunde + 1½ Stunden Garzeit

- 1 Schäufele, leicht geräuchert (2,5–3 kg)
- 300 g Linsen
- 500 g Karotten
- 500 g Sellerie
- 200 g Zwiebeln
- 2 EL Walnussöl
- ¼ l Gemüsebrühe
- 1 Prise Vollrohrzucker

Nährwerte pro 100 g
130 kcal / F 8 g / KH 5 g / E 10 g

Tipp

Auf der Schwäbischen Alb wurde eine alte Linsensorte rekultiviert, die sog. Alb Leisa. Sie schmeckt wunderbar dazu. Noch ein Stück Bauernbrot und fertig.

WISSEN

Schäufele

Das Schäufele ist ein Stück von der Schweineschulter mit dem typischen Schaufelknochen.

Gebratener Hecht

Am Stück gebraten und deswegen schön saftig.

▶ Für 5 Personen
Geht schnell
5 Min. + 15 Min. Garzeit

1 Hecht (Süßwasser, 1,5 kg) · Salz | Pfeffer, frisch gemahlen · Saft von 1 Zitrone · 2 EL Vollkornmehl · 1 EL Bratöl

- Den Hecht säubern und die Innenseite gründlich mit Wasser ausspülen. Danach mit Küchenkrepp trocken tupfen, mit Salz und Pfeffer würzen, mit Zitronensaft beträufeln und in Mehl wälzen. Das Öl in einer Kasserolle erhitzen, den Hecht von beiden Seiten anbraten und 15 Min. im Ofen bei 150 Grad (Umluft 135 Grad) zu Ende garen.

▶ Das passt dazu

Servieren Sie den Hecht mit Ofenkartoffeln, Blattspinat, und wenn Sie möchten, auch mit einer Safransauce.

Nährwerte pro Portion

280 kcal / F 5 g / KH 3 g / E 56 g

Lachsforellen-Tatar mit Wachtel-Spiegelei

Eine echte Luxusvorspeise!

▶ Für 2 Personen
Geht schnell
10 Min. + 5 Min. Garzeit

200 g Lachsforellenfilet · 2 TL Olivenöl · 2 EL Zitronensaft · Salz | Pfeffer, frisch gemahlen · ½ rote Zwiebel · 1 TL Olivenöl · 2 Wachteleier

- Das Lachsforellenfleisch in Würfelchen schneiden, fast schon schaben. In 1 TL Olivenöl, dem Zitronensaft und den Gewürzen marinieren. Die Zwiebel in sehr feine Würfel schneiden und unter das Tatar heben.
- 1 TL Olivenöl in einer Pfanne mit etwas Wasser langsam erhitzen. Wenn das Wasser zu spritzen beginnt die kleinen Wachteleier vorsichtig direkt in die Pfanne aufschlagen und bei mittlerer Hitze als Spiegelei ausbraten. Das Tatar dekorativ auf Teller portionieren – am besten mithilfe eines Ringes – und die Spiegeleier obenaufsetzen.

▶ Das passt dazu

Schmeckt sehr gut zu einer Portion Spargel.

Nährwerte pro Portion

180 kcal / F 9 g / KH 2 g / E 21 g

Fisch auf der Salzkruste gegrillt

Hier wird der Fisch nicht in, sondern auf der Salzkruste gegart.

▶ Für 2 Personen
Gelingt leicht
40 Min. + 10 Min. Garzeit

2 Felchen oder andere Süßwasserfische (je ca. 150 g) · 1 kg Meersalz · 1 EL Wasser · 2 Lorbeerblätter · 1 EL Walnussöl · Saft von 1 Zitrone · Pfeffer, frisch gemahlen

- Den Grillrost oder die Grillplatte mit Alufolie auslegen. Das Salz mit dem Wasser vermischen und auf dem mit Alufolie belegten Grill verteilen und aufheizen.
- Den Fisch unter fließendem Wasser säubern und in jede Innenseite ein Lorbeerblatt legen. Sobald das Salz zur heißen Kruste geworden ist (dauert ca. ½ Stunde), den Fisch mit Küchenkrepp abtrocknen und auf die Salzkruste legen. Nach ca. 5 Min. das erste Mal drehen und den Fisch dann je nach Größe so lange grillen, bis sich die Wirbelsäule in der Bauchhöhle grau verfärbt.
- Zum Servieren einfach mit dem Öl beträufeln, mit Zitronensaft und Pfeffer bestreuen und genießen.

Nährwerte pro Portion

225 kcal / F 11 g / KH 0 g / E 31 g

Zander en papillote

Schnell zubereitet, der Backofen übernimmt die ganze Arbeit.

▶ Für 2 Personen
Geht schnell
10 Min. + 15 Min. Garzeit
200 g Zanderfilet · 1 Karotte · ½ Lauch · ½ Sellerieknolle · Salz | Pfeffer, frisch gemahlen · 1 Orange · 1 Zitrone · 2 Blätter Butterbrotpapier

- Das Zanderfilet in 2 gleich große Stücke zerteilen. Das Gemüse in sehr feine Streifen reiben oder schneiden, mit Salz und Pfeffer würzen und vermischen. Das Gemüse auf die Mitte des Butterbrotpapiers verteilen, den Fisch würzen und auf das Gemüse legen.
- Etwas Zitronen- und Orangenabrieb darüberreiben. Die Papierenden übereinanderschlagen und wie ein Bonbon zudrehen. Das Ganze auf ein Blech geben und im Backofen für 15 Min. bei 150 Grad (Umluft 135 Grad) garen.

Nährwerte pro Portion
120 kcal/ F 1 g/ KH 7 g/ E 20 g

WISSEN

»en papillote«

Bei der Garmethode »en papillote« wickelt man alle Zutaten in Pergamentpapier und verschließt das Päckchen, damit Fisch, Fleisch oder Gemüse im eigenen Saft dämpfen.

Lavendel-Crème-brulée

Eine fett- und eiarme Variante des Klassikers, doch durch die Lavendelblüten mindestens genauso lecker.

▶ **Für 4 Personen**

Gelingt leicht ⏲ **25 Min. + 30 Min. Garzeit**

330 ml fettarme Milch · 50 g Honig · 1 TL getrocknete Lavendelblüten (Apotheke, Reformhaus oder Bioladen) · ½ TL Vanille · Zitronenabrieb · 2 Eier · 1 EL Mandelöl

- Die Milch, den Honig, den Lavendel und den Zitronenabrieb sowie die Vanille gemeinsam aufkochen und anschließend ca. 15 Min. ziehen lassen. Durch ein feines Sieb passieren und abkühlen lassen.
- Die Eier mit dem Mandelöl sehr gut verrühren und die Milch unter ständigem Rühren langsam dazugießen. Die Eiermilch in feuerfeste Förmchen einfüllen und im vorgeheizten Backofen im Wasserbad bei 110 Grad (Umluft 100 Grad) abgedeckt garen. Die Förmchen brauchen etwa 30 Min. Anschließend mit Vollrohrzucker bestreuen und unter dem Grill mit Oberhitze – besser noch mit einem Bunsenbrenner – gratinieren.

Nährwerte pro Portion

145 kcal/ F 7 g/ KH 14 g/ E 6 g

NACHTISCHE UND KUCHEN

Quarkspeise

Ein so simples Rezept und so lecker.

▶ Für 2 Personen

Geht schnell ⏲ 5 Min.

200 g Magerquark · 1 EL Haselnussöl
1 EL Fruchtdicksaft, Honig oder gehackte Trockenfrüchte · 200 g frisches Obst · Gewürze: Vanille, Zimt, Kakao, gehackte Minze oder Melisse

- Den Quark in eine Schüssel geben, das Öl und evtl. etwas Wasser kräftig mit dem Schneebesen unterrühren. Durch das Aufschlagen mit dem Öl bekommt der Quark eine cremige Konsistenz.
- Fruchtdicksaft, Honig oder gehackte Trockenfrüchte dazugeben – die Menge hängt von der Süße des Obstes ab. Das Obst reiben oder schneiden. Je feiner das Obst zerkleinert ist, desto mehr Süßkraft entwickelt es. Obst unter den Quark heben. Nun nach Bedarf Gewürze oder Kräuter dazugeben.

Nährwerte pro Portion

195 kcal/ F 5 g/ KH 21 g/ E 14 g

Vanillecreme mit Mirabellenkompott

Eine leichte Creme und Mirabellen mit Karamellnote – herrlich!

▶ Für 2 Personen

Gelingt leicht ⏲ 20 Min.

250 ml Milch · 1 EL Vollrohrzucker · 2 EL Kürbis, fein gerieben · ½ TL Vanille · 2 EL Vollkornreis, fein gemahlen · 150 g Mirabellen · 1 EL Honig

- Die Milch erwärmen. Den Vollrohrzucker, den geriebenen Kürbis, die Vanille und den gemahlenen Reis einrühren. Unter ständigem Rühren aufkochen und 2 Min. kochen lassen. Nochmals abschmecken und in 2 Förmchen füllen.
- Die Mirabellen entsteinen. Den Honig in einer Pfanne karamellisieren lassen und die Mirabellen ganz kurz mit durchschwenken und zur Vanillecreme servieren.

Nährwerte pro Portion

215 g/ F 5 g/ KH 35 g/ E 6 g

Fenchel-Erdbeer-Salat

Ein Dessert mit sizilianischem Flair, auch prima als Vorspeise.

▶ Für 2 Personen

Geht schnell ⏲ 10 Min.

Saft von 1 Zitrone · 3 EL Rapsöl · Salz | Pfeffer, frisch gemahlen · 2 kleine Fenchelknollen · 100 g Erdbeeren · 1 TL frischer grüner Pfeffer

- Zitronensaft, Öl und die Gewürze in eine Schüssel geben und verrühren. Den Fenchel sehr fein schneiden oder reiben und mit der Marinade vermengen.
- Die Erdbeeren in feine Blättchen schneiden und vorsichtig zum Fenchel geben. Mit den Gewürzen und dem frischen grünen Pfeffer abschmecken. Das Fenchelgrün hacken und darübergeben.

Nährwerte pro Portion

180 kcal/ F 15 g/ KH 8 g/ E 3 g

Sauerkirsch-Feigen-Eis

Ein Eis ganz ohne Haushaltszucker.

▶ Für 2 Personen
Gut vorzubereiten
20 Min. + 2–4 Stunden Kühlzeit
250 g Sauerkirschen · 50 g getrocknete Feigen · 100 g Bananen · etwas Zimt

- Die Kirschen entsteinen. Die getrockneten Feigen klein schneiden und die Banane in Scheiben schneiden. Alles zusammen pürieren und einfrieren. Das Gefrorene mit dem Pürierstab pürieren oder durch den Fleischwolf drehen. Anschließend mit dem Schneebesen nochmals aufrühren.

▶ Das passt dazu
Zum Eis schmeckt Vanillesauce wunderbar.

Nährwerte pro Portion
175 kcal / F 1 g / KH 36 g / E 3 g

Bratapfel

Ein Klassiker im Winter und auch ganz toll als Bratapfeleis.

▶ Für 2 Personen
Preisgünstig
10 Min. + 20 Min. Garzeit
60 g Haselnüsse · 1 TL Rosinen · 1 EL Honig · Zimt · 2 Äpfel · etwas Zitronensaft · 100 ml Apfelsaft

- Die Haselnüsse anrösten, erkalten lassen und in einem Mixer fein reiben. Die Rosinen, den Honig und etwas Zimt dazugeben und je nach Konsistenz des Honigs noch etwas Apfelsaft hinzufügen.
- Die Äpfel schälen, das Kerngehäuse mit dem Apfelausstecher entfernen und mit der Haselnussmasse füllen. Die Äpfel in eine feuerfeste Form setzen, den Apfelsaft dazugeben und je nach Apfelsorte 10–20 Min. bei 160 Grad (Umluft 145 Grad) im Ofen garen.

▶ Das passt dazu
Lecker mit Vanillesauce.

Nährwerte pro Portion
335 kcal / F 20 g / KH 33 g / E 5 g

Gedünstete Gewürzbirne

Wunderbar als Festtagsdessert kombiniert mit dem Bratapfeleis.

▶ Für 2 Personen
Preisgünstig
10 Min. + 5–10 Min. Garzeit
300 g Birnen · 1–2 EL Honig · 1 EL Haselnussöl · 50 g süßer Kirschsaft · Vanille · Zimt · Nelke · Sternanis · Ingwer · 1 Msp. Konfigel (Geliermittel)

- Die Birne vierteln, vom Kerngehäuse befreien und in Spalten schneiden. Wenn die Schale sehr fest ist, sollten Sie diese auch abschälen.
- Den Honig mit dem Öl in der Pfanne leicht anbräunen. Zuerst die Gewürze, dann die in Scheiben geschnittenen Birnen dazugeben, mit dem Fruchtsaft ablöschen und darin weich dünsten. Die Birnen entnehmen und die Flüssigkeit mit dem Konfigel leicht binden, danach die Birnen wieder zugeben.

▶ Das passt dazu
Dazu schmeckt prima ein Vanillequark oder auch einfach nur glatt gerührter Joghurt.

Nährwerte pro Portion
180 kcal / F 6 g / KH 32 g / E 1 g

WISSEN

Bratapfeleis

Stellen Sie gleich die doppelte Portion her und pürieren Sie die Hälfte, die Sie nicht gebraucht haben, und frieren Sie sie ein. Dann das Ganze gefroren pürieren oder durch die feine Scheibe im Fleischwolf drehen. Rühren Sie das Eis mit dem Schneebesen nochmals auf und Sie haben ein herrliches Bratapfeleis. Auch dazu passt die Vanillesauce wunderbar.

Erdbeer-Kokos-Kugeln

Die Kugeln schmecken auch als tiefgekühltes Eis-Konfekt sehr gut.

▶ Für ca. 500 g

Gelingt leicht 25 Min.

300 g Erdbeeren · 200 g Kokosflocken · 1 TL Honig · etwas Piment · etwas Vanille

- Die Erdbeeren vierteln und pürieren. Die Kokosflocken, den Honig und die Gewürze zu den pürierten Erdbeeren geben und mit einem Löffel unterarbeiten. Die Masse 15 Min. stehen lassen, danach Kugeln abdrehen und in den Kühlschrank oder ins Tiefgefrierfach stellen.

Nährwerte pro Rezept

215 kcal / F 11 g / KH 23 g / E 4 g

Tipp

Nehmen Sie die Kugeln ungefähr 15 Min. vor dem Verzehr aus dem Tiefkühlfach heraus.

Hafer-Kokos-Konfekt

Schnell gerollt, nicht zu süß und einfach gut.

▶ Für ca. 300 g

Geht schnell ⏲ 10 Min.

80 g Sahne · 80 g fettarmer Joghurt · 80 g feine Haferflocken · 80 g Kokosflocken · 2 EL Vollrohrzucker

- Die Sahne schlagen. Alle Zutaten miteinander vermischen. 15 Min. durchziehen lassen. Anschließend kleine Kugeln formen und in Kokosflocken wälzen.

▶ Info

Für dieses Rezept sollten Sie gekaufte, bereits gewalzte Haferflocken verwenden, denn frisch gequetschte Haferflocken werden bitter.

▶ Das passt dazu

Zu einem Obstsalat servieren.

Nährwerte pro Rezept

1160 kcal / F 84 g / KH 80 g / E 21 g

Tipp

Heben Sie übrig gebliebene Kugeln im Kühlschrank auf.

Energieriegel

Die Riegel halten sich in der Keksdose mindestens zwei Wochen.

▶ Für 1 Backblech

Gelingt leicht

⏲ 20 Min. + 20 Min. Backzeit

Für den Teig: 200 g Dinkelvollkornmehl · 75 g Butter · 75 g Vollrohrzucker · ½ Zitronenabrieb · 60 ml Wasser

Für den Belag: 200 ml Milch · 100 g getrocknete Aprikosen · 100 g Haselnüsse

- Für den Teig die kalte Butter fein gewürfelt zum Vollkornmehl geben und mit 2 Teigkarten oder Pfannenwendern unterhacken. Die restlichen Zutaten zu dieser Mischung geben und rasch zu einem geschmeidigen Teig kneten. Den Teig dünn ausrollen und auf ein Backblech geben, kalt stellen.
- Für den Belag die Milch aufkochen. Die Aprikosen pürieren, die Nüsse reiben. Beides zur Milch geben und verrühren. Den Belag auf den Mürbeteig streichen und im Ofen bei 170 Grad (Umluft 150 Grad) 20 Min. backen. Dann in Streifen schneiden und abkühlen lassen.

Nährwerte pro Rezept

2550 kcal / F 141 g / KH 265 g / E 54 g

Quarkwaffeln

Nicht so fett und süß wie herkömmliche Waffeln, hmm!

▶ Für 8 Waffeln

Geht schnell

⏲ 10 Min. + 15 Min. Backzeit

200 g Butter · 100 g Vollrohrzucker · 250 g Quark · 3 Eier · 300 g Dinkelvollkornmehl · 1 TL Weinstein-Backpulver · 250 ml Milch · Zitronenabrieb · etwas Vanille

- Die Butter mit dem Vollrohrzucker schaumig schlagen. Die Eier trennen. Nach und nach die Eigelbe zur Butter-Zucker-Masse geben. Den Quark aufschlagen, Vanille und Zitronenabrieb dazugeben und das Ganze kräftig mit der Butter-Ei-Zucker-Masse verrühren.
- Das Eiweiß aufschlagen. Das Mehl mit dem Backpulver mischen und zusammen mit der Milch in die Butter-Ei-Zucker-Masse rühren. Zum Schluss das Eiweiß vorsichtig unterziehen und die Waffeln im Waffeleisen goldbraun ausbacken.

Nährwerte pro Waffel

440 kcal / F 25 g / KH 39 g / E 13 g

Tipp

Genießen Sie die Waffeln als süße Hauptspeise mit Kompott oder als Dessert nach einer Suppe oder einem Salat als Hauptgang.

Apfelcrumble

Schnell gemacht und ein prima Ersatz für Apfelkuchen.

▶ Für 1 Auflaufform
Gut vorzubereiten
20 Min. + 30 Min. Backzeit
50 g Haselnüsse · 50 g Walnüsse · 100 g Dinkelvollkornmehl · Zimt · 2 EL Honig · 2 EL Haselnussöl · 3 Äpfel · 1 EL Rosinen

- Die Hasel- und Walnüsse fein reiben, das Vollkornmehl und etwas Zimt damit mischen. Den Honig und das Haselnussöl glatt rühren. Zur Nuss-Mehl-Mischung geben und zwischen den Fingern zerreiben (abbröseln). Es sollen Streusel entstehen.
- Die Äpfel vierteln, vom Kerngehäuse befreien und in dünne Scheiben schneiden. Die Rosinen dazugeben, mit etwas Zimt würzen und gut vermengen. Die Äpfel in die Auflaufform geben, die Streusel darüber verteilen und bei 160 Grad (Umluft 145 Grad) 30 Min. im Ofen backen.

▶ Variante
Schmeckt mit Birnen, Pfirsichen, Aprikosen auch sehr lecker. Dazu kombiniert eine Fruchtsauce oder Vanillesauce. Auch lecker mit dem Sauerkirsch-Feigen-Eis (S. 117).

Nährwerte pro Rezept
1520 kcal / F 91 g / KH 146 g / E 30 g

Schokokuchen mit Heidelbeeren

Ein saftig-leckerer Kuchen!

▶ Für 1 Kuchen
Gelingt leicht
15 Min. + 40 Min. Backzeit
3 Eier · 200 g Butter · 150 g Honig · 350 g Dinkelvollkornmehl · 1 TL Weinstein-Backpulver · 50 g Kakaopulver · 100 ml Milch · 100 g Heidelbeeren

- Die Eier trennen. Die Eigelbe mit der zimmerwarmen Butter aufschlagen und den Honig unterziehen. Eiklar aufschlagen. Das Mehl mit dem Backpulver und dem Kakao mischen und zusammen mit der Milch unter die Butter-Ei-Masse rühren.
- Zum Schluss das steif geschlagene Eiweiß vorsichtig unterheben. Den Teig in eine gefettete Backform geben und die Heidelbeeren darüberstreuen. Die Beeren dabei leicht andrücken. Im Backofen etwa 40 Min. bei 170 Grad (Umluft 150 Grad) backen.

▶ Variante
Schmeckt auch sehr gut mit Birnenspalten oder fein geriebener Quitte, die dann zusammen mit dem Kakao und dem Vollkornmehl vermengt wird.

Nährwerte pro Kuchen
3520 kcal / F 202 g / KH 347 g / E 80 g

Käsekuchen à la Buchinger

Ein schneller Käsekuchen mit Birne, aber ohne Boden.

▶ Für 1 Kuchen
Geht schnell
10 Min. + 30 Min. Backzeit
500 g Quark (Magerquark) · 40 g Haselnussmus · 100 g Blütenhonig · 2 Eier · Vanille · abgeriebene Schale von 1 unbehandelten Orange und 1 unbehandelten Zitrone · 400 g Birnen

- Den Quark mit dem Haselnussmus und dem Honig verrühren. Die Eier trennen. Die Eigelbe mit der Vanille und dem Zitronen- und Orangenabrieb unter diese Masse ziehen. Die Birnen vierteln, vom Kerngehäuse befreien und in Spalten schneiden. Wenn die Schale sehr fest ist, sollten Sie diese abschälen.
- Die Birnen in eine mit Backpapier ausgelegte Springform (Ø 26 cm) legen. Eiklar steif schlagen und vorsichtig unter die Quarkmasse heben und über den Birnenspalten verteilen. Den Kuchen ca. 30 Min. bei 160 Grad (Umluft 145 Grad) backen.

▶ Variante
Der Kuchen gelingt auch sehr gut mit Heidelbeeren oder Sauerkirschen.

Nährwerte pro Kuchen
1310 kcal / F 40 g / KH 146 g / E 91 g

▶ Käsekuchen à la Buchinger

Quittenkuchen

Mit natürlicher Süße aus Apfeldicksaft.

▶ Für 1 Kuchen
Braucht etwas mehr Zeit
25 Min. + 1½ Stunden
Gar- und Backzeit

250 g	Butter
5	Eier
300 ml	Apfeldicksaft
350 g	Quitten
250 ml	Wasser
50 g	Vollrohrzucker
250 g	Dinkelvollkornmehl
2 TL	Weinstein-Backpulver
	Zimt
	Vanille
	abgeriebene Schale von 1 unbehandelten Zitrone
1	Prise Salz
160 g	Walnüsse

- Butter, Eier und Apfeldicksaft einige Stunden vor dem Backen aus dem Kühlschrank nehmen und Zimmertemperatur annehmen lassen. Die Quitten schälen und das Kerngehäuse entfernen. Die Schalen und das Kerngehäuse in einem Topf mit 250 ml Wasser erhitzen und 15 Min. abgedeckt köcheln lassen.
- Die Quitten in 1 cm große Würfel schneiden. Den Quittenfond durch ein Sieb gießen, den Vollrohrzucker dazugeben und die Quittenwürfel darin für 30 Min. köcheln lassen. Die Quittenwürfel über einem Sieb abtropfen lassen. Die Flüssigkeit auffangen (kann als Quittensirup verwendet werden).
- Die Eier trennen. Das Eiklar zu Eischnee schlagen und kühl stellen. Die Butter schaumig schlagen. Jedes Eigelb einzeln dazugeben und so lange weiterschlagen, bis es in der Masse vollständig eingearbeitet ist. Weiter schaumig schlagen und langsam den Apfeldicksaft dazugeben – der Masse Zeit lassen, den Apfeldicksaft aufzunehmen. Das Mehl mit dem Backpulver, den Gewürzen und dem Salz vermischen.
- Die Mehlmischung, die Walnüsse, die abgetropften Quittenwürfel und den Zitronenabrieb zu der Butter-Eigelb-Apfeldicksaft-Masse geben und vorsichtig unterheben. Zum Schluss den Eischnee vorsichtig unter die Masse ziehen. Den Teig in eine gefettete Springform füllen und im Ofen bei 160 Grad (am besten Umluft, ansonsten bei 175 Grad Ober- und Unterhitze) 50 Min. backen. Nach der Hälfte der Backzeit – falls nötig – mit Backpapier oder Alufolie abdecken, damit der Kuchen nicht zu dunkel wird.

Nährwerte pro Kuchen
5740 kcal / F 370 g / KH 488 g / E 103 g

Tipp
Falls die Butter-Eigelb-Masse den Apfeldicksaft nicht mehr vollständig aufnimmt, die Schüssel in einem handwarmen Wasserbad (ca. 37 Grad) weiterschlagen, bis sich eventuell gebildete Flocken aufgelöst haben.

Öko-Landbau
Vitamin E
4mg in
500g
Eisen
Magnesium
Folsäure
2,3 m²/1000kcal
GEFLÜGEL
9 m²/1000kcal
Milch
artgerecht
fair
Fleischkonsum
vermindern
Soziales
Miteinander

Nachhaltige Ernährung: die Basics

Wie helfen Kuhweiden dabei, die Welternährung zu sichern? Wie viel Virtuelles Wasser enthält 1 Kilo Kartoffeln? Welche Bio-Verbände verzichten auf den Einsatz von Futtermitteln aus Entwicklungsländern? Was spricht für regionale und saisonale Erzeugnisse? Und was sind natürliche Lebensmittel? Warum ist der Faire Handel fair?

Ran ans Gemüse – und weniger Tierisches

In Deutschland, wie auch in allen anderen Industrieländern, essen wir heute viel mehr tierische Produkte als noch vor 50 Jahren. Der Fleischverzehr liegt inzwischen für Männer bei 58 kg pro Person und Jahr, für Frauen bei 30 kg – das entspricht einer Menge von 1,1 kg bzw. 600 g pro Woche[7]. Die empfohlenen Mengen liegen jedoch deutlich niedriger: pro Woche bis zu zwei Fleischmahlzeiten (à 150 g) – sowie bis zu einer Portion Fisch (à 150 g) und bis zu zwei Eier pro Woche[2]. Warum eine überwiegend pflanzliche Ernährung nicht nur gut für unsere Gesundheit ist, sondern auch ökologische, gesellschaftliche und wirtschaftliche Vorteile hat, erfahren Sie im nachfolgenden Kapitel.

Umweltbelastungen bei Ackerbau und Viehzucht

In Deutschland werden jährlich pro Person etwa elf Tonnen Treibhausgase ausgestoßen[8]. Die weltweit klimaverträgliche Menge liegt jedoch bei nur zwei Tonnen pro Person und Jahr[9]. Dafür müssen wir in den reichen Industrieländern den Treibhausgas-Ausstoß drastisch vermindern, nämlich um etwa 80 %.

Der Ernährungsbereich trägt mit etwa 20 % zum gesamten Treibhausgas-Ausstoß in Deutschland bei[10]. Rund die Hälfte davon stammt aus der landwirtschaftlichen Erzeugung, größtenteils aus der Produktion tierischer Erzeugnisse[11]. Bei diesen entstehen mehrfach höhere Mengen an Treibhausgasen als bei pflanzlichen Lebensmitteln. Um Futterpflanzen für die Tiere anzubauen, muss viel Energie eingesetzt werden: insbesondere in der Chemieindustrie, um mineralischen Stickstoffdünger für die konventionelle Landwirtschaft zu produzieren. Ferner ist die Umwandlung pflanzlicher Erzeugnisse in tierische Produkte teilweise wenig effizient, sodass sich deren Treibhausgasbilanz deutlich verschlechtert. Hinzu kommen auch noch die Treibhausgase, die während Aufzucht, Haltung, Verarbeitung usw. durch den Energieeinsatz oder durch die Tiere selbst entstehen, beispielsweise Methan und Lachgas durch deren Ausscheidungen (Kasten S. 127).[10]

Pflanzliche Lebensmittel haben in der Regel auch einen wesentlich geringeren Wasserbedarf bei ihrer Erzeugung als tierische. Das sog. Virtuelle Wasser ist dabei nicht das Wasser, das ein Produkt tatsächlich enthält, sondern das »unsichtbare« Wasser, das für seine Erzeugung und Verarbeitung verwendet wurde. Beispielsweise werden für die Erzeugung von einem Kilogramm Rindfleisch aus Intensivtierhaltung mehr als 15 000 Liter

Virtueller Wassergehalt von tierischen und pflanzlichen Lebensmitteln[13]

Tierische Lebensmittel		Pflanzliche Lebensmittel	
	Virtuelles Wasser (l/kg Lebensmittel)		Virtuelles Wasser (l/kg Lebensmittel)
Rindfleisch	15 500	Weizen	1 300
Käse	5 000	Bananen	860
Schweinefleisch	4 800	Äpfel	700
Geflügelfleisch	3 900	Kartoffeln	260
Eier	3 300	Tomaten	180

Wasser benötigt. Dazu zählt vor allem die Bewässerung für den Anbau der Futtermittel. Für ein Kilogramm Kartoffeln sind dagegen im Schnitt nur 260 Liter Wasser nötig (siehe Tabelle).[13] Sehr problematisch ist der »Import von Virtuellem Wasser«, wenn landwirtschaftliche Produkte aus Ländern zu uns kommen, wo Wasserknappheit herrscht, aber für die Bewässerung sehr viel Wasser eingesetzt wird. Beispiele sind aus Israel importierte Erdbeeren, die in der Wüste mithilfe aufwendiger Bewässerungsanlagen wachsen, und Frühkartoffeln aus Marokko oder Ägypten. Ökologisch ist das unsinnig, weil deutsche Kartoffeln sich durchaus bis ins Frühjahr hinein lagern lassen.

Wie Kuhweiden dabei helfen, die Welternährung zu sichern

Die Produktion tierischer Lebensmittel erfordert viel mehr landwirtschaftliche Nutzfläche als die Erzeugung pflanzlicher Lebensmittel. So werden für die Herstellung von 1000 kcal in Form von Rindfleisch (entspricht etwa 900 g) mehr als 30 m² landwirtschaftlicher Fläche benötigt. Dazu zählt die Fläche für die Weide sowie für den Anbau weiterer Futtermittel. Für 1000 kcal in Form von Gemüse (entspricht etwa 3 kg) werden dagegen im Schnitt nur 1,7 m² Fläche benötigt (Tabelle oben).[14]

Ein großer Teil der weltweit vorhandenen Ackerflächen wird zum Anbau

WISSEN

Sind Kühe aus Klimasicht unten durch?

Bei Wiederkäuern (z. B. bei Rindern, Schafen, Ziegen) entsteht während der Verdauung das stark klimabelastende Treibhausgas Methan. Sind die Kühe somit aus Klimasicht unten durch?

Warum Weidehaltung besser für das Klima ist

Bei Wiederkäuern gilt es, deutlich nach der jeweiligen Haltungsform zu unterscheiden. Denn sog. Dauergrünland, das über Jahre nicht in Ackerland umgebrochen wird, hat das Potenzial, Kohlendioxid (CO_2) aus der Atmosphäre zurückzubinden. Die Graspflanze lagert dabei durch Photosynthese große Mengen Kohlenstoff in den tiefen, weit verzweigten Wurzeln ein – und zwar das ganze Jahr über. Wenn die Wurzeln absterben, bilden Regenwürmer & Co. daraus fruchtbaren Humus, der einen bedeutsamen klimaentlastenden Kohlenstoffspeicher bildet.

Achtung: Dieser Klima-Vorteil von Rindern auf nachhaltig bewirtschaftetem Dauergrünland gilt nicht für Hochleistungs-Kühe in Intensivtierhaltung, die nicht oder wenig auf Weideland grasen, sondern häufig importiertes, eiweiß- und energiereiches Kraftfutter statt Gras fressen. Denn Soja als wichtiger Bestandteil des Kraftfutters wird in manchen Ländern wie Brasilien oder Paraguay oftmals auf Flächen produziert, deren Umbruch von tropischem Regenwald zu Ackerland hohe Mengen an Treibhausgasen freisetzt. Der Regenwald steht dann auch nicht mehr für die Kohlendioxid-Rückbindung zur Verfügung, was unter anderem aus Klimaschutzsicht hochgradig problematisch ist. Zudem erfordert der Anbau von Kraftfutter einen hohen Energieeinsatz: Einen wichtigen Beitrag zu den Treibhausgasen verursachen dabei die verwendeten energieaufwendigen synthetischen Stickstoffdünger. Diese werden im Öko-Landbau durch sog. Gründüngung mit Gras-Kleesamen ersetzt, um die Bodenfruchtbarkeit zu verbessern. Das geerntete Grünfutter ist auch eine gute zusätzliche Eiweißquelle für Wiederkäuer.

Kühe, Schafe und Ziegen sind an sich keine Klimakiller

Zusammen genommen hat nachhaltige Weidehaltung von Wiederkäuern auf Dauergrünland wegen der Humusbildung wesentliche Vorteile für das Klima gegenüber der herkömmlichen Haltung. Dies steht im Widerspruch zu ihrem weitverbreiteten Klimakiller-Image. Für das Klima ist somit eine gewisse, aber deutlich verminderte Menge an Milch (Käse sowie andere Milchprodukte eingeschlossen) und Fleisch von Wiederkäuern durchaus in Ordnung – wenn diese auf Dauergrünland basiert.[12]

Flächenbedarf von tierischen und pflanzlichen Lebensmitteln (m^2 Ackerland pro verzehrsfähiger Nahrungsenergie)[14]

Tierische Lebensmittel		Pflanzliche Lebensmittel	
	Flächenbedarf (m^2/1000 kcal)		Flächenbedarf (m^2/1000 kcal)
Rindfleisch	31,2 (5,3 + 25,9*)	Ölfrüchte	3,2
Geflügelfleisch	9,0	Obst	2,3
Schweinefleisch	7,3	Hülsenfrüchte	2,2
Eier	6,0	Gemüse	1,7
Vollmilch	5,0 (1,2 + 3,8*)	Getreide	1,1

* Weideland

WISSEN

Stichwort Flächenkonkurrenz

Durch den Anbau von Exportprodukten – neben Futtermitteln wie Cassava, Soja und Mais sind dies unter anderem Südfrüchte, Kaffee, Tee, Kakao, Tabak, Baumwolle, Blumen – entsteht in Entwicklungsländern eine Flächenkonkurrenz gegenüber der Produktion von Nahrungsmitteln für die einheimische Bevölkerung. In afrikanischen Ländern beispielsweise belegt die Exportproduktion etwa 5–20 % der agrarischen Nutzfläche. Die Restfläche würde ausreichen, um die afrikanische Bevölkerung mit Nahrungsmitteln zu versorgen. Ein Konflikt besteht allerdings in qualitativer Hinsicht: Für Exportprodukte werden oft die besten Böden und die meiste Arbeitszeit verwendet. Viele Staaten fördern den Exportanbau zusätzlich mit Kreditprogrammen und Bereitstellung von Saatgut und Dünger. Da mit Exportprodukten in der Regel höhere Erlöse zu erzielen sind, kann dies zu einer Vernachlässigung der Nahrungsproduktion für den eigenen Verbrauch und für den lokalen Markt führen.

von Futtermitteln verwendet, nämlich etwa ein Drittel[15]. Würden auf diesen Äckern hingegen beispielsweise Getreide, Kartoffeln oder Hülsenfrüchte angebaut und direkt für die menschliche Ernährung genutzt, stünde für die Sicherung der Welternährung erheblich mehr Nahrung zur Verfügung.

Sehr problematisch sind die Importe von Futtermitteln aus Entwicklungsländern. Sie können dort zu Flächenkonkurrenzen für die einheimische Nahrungsproduktion führen und somit zum Welthunger beitragen (siehe Kasten).

Darüber hinaus entstehen bei der Erzeugung tierischer Lebensmittel sog. Veredelungsverluste, da die Tiere einen Großteil der Energie aus dem Futter für ihren eigenen Stoffwechsel verbrauchen. Sie wandeln – je nach Tierart, Fütterung usw. – nur etwa ein Drittel oder weniger in Fleisch, Milch bzw. Eier um. So muss das Mehrfache an Kalorien aus pflanzlichen Futtermitteln verfüttert werden, um eine Kalorie eines tierischen Lebensmittels zu erzeugen[5].

Anders sieht es jedoch aus, wenn Wiederkäuer überwiegend Gras fressen. Die Weidehaltung von Rindern, Schafen und Ziegen bietet die Möglichkeit, vorhandenes Dauergrünland zur Erzeugung hochwertiger Lebensmittel zu nutzen. Weideland ist ansonsten kaum zur Nahrungsproduktion für den Menschen nutzbar, denn ein Umbrechen in Ackerland ist wegen des Risikos der Wind- oder Wassererosion bei dünner Bodenkrume ungünstig. Entsprechendes gilt für Steillagen in Mittelgebirgen, im Alpenvorland oder in den Alpen – oder bei zu feuchten Flächen, z.B. in Küstennähe. Außerdem würden bei der Umwandlung in Ackerland große Mengen an Kohlendioxid freigesetzt, was aus Klimaschutzgründen sehr unerwünscht ist. Insofern lässt sich hier sogar von »Veredelungsgewinnen« bei der Nutzung von Weideflächen durch Wiederkäuer sprechen. Kühe und Co. sind bei Fütterung vom Dauergrünland keine Nahrungskonkurrenten für den Menschen, weil sie – anders als Schweine und Geflügel – nicht auf Futter von Ackerflächen wie Getreide und Soja angewiesen sind. Von der weltweiten landwirtschaftlichen Nutzfläche ist sogar der weitaus überwiegende Teil Dauergrünland, nämlich 69%. Der Rest ist Ackerland (29%) und Dauerkulturen wie Obst- und Weinbau (2%)[16]. In Deutschland liegt der Anteil von Dauergrünland immerhin bei 30%. Die Erzeugung von Milch und Fleisch von Wiederkäuern in extensiver, nachhaltiger Tierhaltung auf mehrjährigen Weideflächen macht daher durchaus Sinn. Verzichtet man auf Kraftfutter, ist dies ein wichtiger Beitrag zur Welternährung, vor allem für Entwicklungsländer.[12]

Außerdem ist die Tierhaltung für die Bauern eine wesentliche Einkommensquelle. Weltweit hängt am Grasland die Existenzgrundlage für über 800 Millionen Menschen[17]. Wiederkäuer auf Dauergrünland helfen auch dabei, die heimische abwechslungsreiche Kulturlandschaft zu erhalten, weil die Wiesen sonst mit Büschen oder Wald überwuchert würden – für unsere Freizeit und den Tourismus ein unschätzbarer Wert.

Fleischkonsum vermindern: gesünder essen

Wenn wir weniger tierische und dafür mehr pflanzliche Lebensmittel essen, nehmen wir in der Regel auch weniger unerwünschtes Fett und stattdessen mehr komplexe, langkettige Kohlenhydrate zu uns. Zusätzlich sind auch mehr Ballaststoffe vorhanden. Komplexe Kohlenhydrate begünstigen niedrigere Blutzuckerspiegel, solange die Lebensmittel nicht stark verarbeitet sind und die Ballaststoffe nicht abgetrennt werden. Pflanzliche Lebensmittel – allen voran Pflanzenöle, Nüsse und Ölsamen (z.B. Sonnenblumenkerne, Kürbiskerne, Leinsamen, Sesam) – weisen meist eine günstigere Fettsäuren-Zusammensetzung auf als tierische Lebensmittel (wie Fleisch und Wurst). Letztere enthalten jedoch teilweise erhebliche Mengen gesundheitlich problematischer Inhaltsstoffe, wie gesättigte Fettsäuren, Cholesterin, Purine und Salz.

Pflanzliche Lebensmittel wie Vollkorngetreide, Hülsenfrüchte, Gemüse und Obst haben hingegen eine hohe Nährstoffdichte. Dies bedeutet, sie enthalten reichlich lebensnotwendige Inhaltsstoffe wie Vitamine und Mineralstoffe (bezogen auf die Nahrungsenergie). Gesundheitsfördernde Ballaststoffe und Sekundäre Pflanzenstoffe (z.B. Phytosterine oder Carotinoide) sind praktisch ausschließlich in pflanzlichen Erzeugnissen enthalten. Gleichzeitig liefert pflanzliche Nahrung in der Regel weniger Energie, und wir sind meist schon nach einer geringeren Energieaufnahme satt. Essen wir viel Fleisch, Wurst und Eier, besteht die Gefahr, dass wir mehr Kalorien als nötig aufnehmen.

Aus diesen Gründen hilft eine überwiegend pflanzliche Ernährung mit viel Gemüse, Obst und Hülsenfrüchten, verschiedenen ernährungsabhängigen Erkrankungen vorzubeugen, z.B. Übergewicht, Diabetes (Typ 2), Krebs und Herz-Kreislauf-Krankheiten[18].

Artgerechte Tierhaltung hat ihren Preis

Bei Fleisch und Wurstwaren sowie Milchprodukten und Eiern ist es wichtig, auf gute Qualität zu achten. Auch wenn uns manche Kühltheke das Gegenteil suggeriert: Tierische Produkte sollten keine billige Massenware sein. Fleisch, Wurst, Eier und Milch aus artgerechter bzw. ökologischer Tierhaltung und Fütterung haben ihren Preis, um den Bauern faire Löhne für ihre aufwendige Arbeit zahlen zu können. Wer seltener zu Fleisch und Co. greift, kann sich beste Qualität gönnen und trotzdem Geld sparen.

Was tun wir mit Bio Gutes – für uns, für andere und für die Natur?

Die fortschreitende Intensivierung der Landwirtschaft trägt zu verschiedenen Umweltproblemen bei. Böden und Gewässer können beispielsweise durch Stickstoff, Phosphat und Pestizide belastet werden. Die Quittung bekommen wir direkt auf den Teller bzw. ins Glas: mögliche Schadstoff-Rückstände in Lebensmitteln und im Trinkwasser.

Was viele nicht wissen: Die Landwirtschaft ist für einen erheblichen Teil des Treibhausgas-Ausstoßes verantwortlich. Ferner können Bodenverdichtung, Bodenerosion und Verminderung der biologischen Vielfalt auftreten. Wenn wir Böden, Pflanzen, Tiere und Rohstoffe übermäßig beanspruchen, hat das Konsequenzen: lokal und global. Einen Ausweg aus dem Dilemma bietet die nachhaltige bzw. ökologische/biologische Landwirtschaft (die Begriffe Öko und Bio sind gleichbedeutend). Bio-Landwirtschaft ist auch gut für unsere Gesundheit und kann wirtschaftliche und gesellschaftliche Vorteile bieten.

Bio: besser für die Umwelt

Lebensmittel aus ökologischer Landwirtschaft sind unter Berücksichtigung verschiedener Umweltaspekte verträglicher als Erzeugnisse aus konventionellem Anbau. Im ökologischen Pflanzenbau muss beispielsweise weniger Energie eingesetzt werden: Bezogen auf einen Hektar wird etwa die Hälfte[19–21] der Energie verbraucht und entsprechend weniger an Treibhausgasen ausgestoßen. Allerdings sind im ökologischen Pflanzenbau meist auch die Erträge geringer. Eine Studie zeigte große Schwankungsbreiten bei beiden Landbauformen, wenn die Treibhausgasbilanzen auf gleiche Ertragsmengen bezogen werden: Teils waren ökologische, teils konventionelle Betriebe günstiger für das Klima. Im Durchschnitt der untersuchten Betriebe lagen die Bio-Erzeuger aber trotz geringerer Erträge um ein Viertel günstiger[20]. Weil sie unter anderem auf mineralische Stickstoffdünger verzichten, deren Herstellung sehr energieaufwendig ist. Außerdem ermöglicht der Öko-Landbau einen stärkeren Humusaufbau, der Kohlendioxid aus der Atmosphäre rückbindet (S. 126–127).

Ein besonderes, noch nicht ausreichend wissenschaftlich untersuchtes Problem in der Landwirtschaft ist der Ausstoß von Lachgas (N_2O), das etwa 300-mal klimaschädlicher ist als Kohlendioxid. Es entsteht beim Abbau sowohl von Mineraldünger im konventionellen Bereich als auch von Wirtschaftsdünger (d.h. von tierischen Ausscheidungen) in beiden Landwirtschaftsformen.

In der Tierhaltung hängt die Klimaschädlichkeit von vielen Faktoren ab, besonders von Futterqualität, Nutzungsdauer bzw. Lebensleistung der Tiere und vom Düngermanagement. Der Energieeinsatz in der ökologischen Tierhaltung ist geringer: Wenn sie alle Optimierungspotenziale nutzt, kann sie klimaschonender sein als die konventionelle Tierhaltung[10,22,23]. Ein Pluspunkt der Bio-Landwirtschaft ist der weitgehende Einsatz von Futtermitteln vom eigenen Hof. Werden die Futtermittel gleich vor Ort produziert, sorgt dies für höchstmögliche Transparenz, und der Transport über weite Strecken fällt weg. Nach dem landwirtschaftlichen Kreislaufgedanken stehen Pflanzen, Tiere und Boden miteinander in Verbindung. Kommt das Futter für die Tiere direkt vom Hof, stärkt dies die natürlichen Kreisläufe.

Öko-Landbau fördert die natürliche Bodenfruchtbarkeit, erhöht damit den Humusgehalt und senkt die Erosionsneigung der Böden[19]. Die Bodenzerstörung und der Bodenverlust im konventionellen Landbau sind inzwischen große Probleme. Weltweit gehen jedes Jahr etwa 24 Milliarden Tonnen fruchtbaren Bodens verloren, das sind etwa 3,4 Tonnen pro Mensch und Jahr[24].

Im Vergleich zur konventionellen Landwirtschaft finden sich im Öko-Landbau meist mehr naturnahe Flächen (z.B. Feuchtbiotope, Streuobstwiesen, Ackerrandstreifen). Daher beherbergen ökologisch bewirtschaftete Flächen mehr Tiere und Pflanzen und fördern so die biologische Vielfalt (Biodiversität). Schädlinge können sich somit nicht so schnell ausbreiten, und Obstblüten werden auf natürliche Weise bestäubt.[25]

Darüber hinaus verzichtet die biologische Landwirtschaft auf Gentechnik. Insgesamt verbindet der ökologische Landbau Produktivität, Vermeidung von Umweltbelastungen und Erhalt natürlicher Ressourcen.

Besuchen Sie doch mal einen Bio-Bauern in Ihrer Nähe. Oder planen Sie einen Ausflug zu einem von über 200 Demonstrationsbetrieben (Näheres unter www.oekolandbau.de → Verbraucher → Demonstrationsbetriebe).

Bio-Lebensmittel sind gesünder

Viele Untersuchungen zeigen, dass Bio-Lebensmittel einerseits deutlich weniger Rückstände an Nitrat, Pestiziden und Tierarzneimitteln aufweisen. Dies liegt vor allem daran, dass chemisch-synthetische Pestizide gar nicht und Düngemittel sowie Tierarzneimittel nur in geringem Maße angewendet werden.

Andererseits enthalten beispielsweise Knollen- und Wurzelgemüse (z.B. Möhren, Rote Bete) aus ökologischem Anbau eine größere Menge an Hauptnährstoffen als konventionelle Erzeugnisse (bedingt durch einen niedrigeren Wassergehalt). Bei Vitaminen und Mineralstoffen sind kaum relevante Unterschiede zwischen ökologisch und konventionell erzeugtem Gemüse und Obst zu finden – nur der Vitamin-C-Gehalt liegt meist höher. Außerdem enthalten Bio-Gemüse und -Obst oftmals mehr Sekundäre Pflanzenstoffe, die unter anderem antioxidativ, antibakteriell oder immunstärkend wirken sowie zum Schutz vor Herz-Kreislauf- und Krebs-Erkrankungen beitragen.[26]

Viele Menschen kaufen ökologisch erzeugtes Gemüse und Obst sowie tierische Bio-Lebensmittel, weil sie ihnen besser schmecken. Bio-Möhren haben beispielsweise vielfach ein breiteres Aroma als konventionelle. Außerdem wird oftmals eine größere Sortenvielfalt angeboten, z.B. bei Äpfeln, Tomaten und Kartoffeln.

Die Verarbeitung von Lebensmitteln erfolgt im Bio-Bereich zumeist schonender. Beipielsweise wird keine Lebensmittel-Bestrahlung zur Haltbarmachung eingesetzt, und die Palette an erlaubten Zusatzstoffen wie Farb- und Konservierungsstoffe ist erheblich eingeschränkt. Auch natürliche oder naturidentische Aromen werden in der Regel nicht beigemischt.

TIPP

Bio-Kiste frei Haus

Viele Bio-Bauern liefern sog. Bio-Kisten direkt nach Hause. Man kann in der Regel zwischen einem Abo (saisonale Obst- und Gemüsesorten) und individuell zusammengestellten Bio-Kisten wählen. Oftmals können Sie auch Brot, Milchprodukte und Fleisch gleich mitbestellen, telefonisch, per Fax und zumeist auch übers Internet. Im ländlichen Raum, wo der nächste Bio-Laden weit entfernt sein kann, bieten sich auch Hofläden bei den Öko-Landwirten an.

Öko-Landbau sichert Existenzen und schafft Arbeitsplätze

Der ökologische Landbau bietet in der Regel den Bäuerinnen und Bauern infolge höherer Erlöse eine bessere Existenzsicherung – erfordert aber auch mehr Arbeit. In den letzten Jahren sind durch den Preisdruck jedoch auch im Bio-Bereich die Erzeugerpreise deutlich gesunken – und damit das Einkommensniveau. Der Öko-Landbau schafft zusätzliche Arbeitsplätze durch hohe Arbeitsintensität, Weiterverarbeitung auf dem Hof sowie Direktvermarktung über Hofläden und Wochenmärkte.

Soziale Aspekte des Öko-Landbaus

Einige Verbände der ökologischen Landwirtschaft verzichten bewusst auf die Verwendung von importierten Futtermitteln aus Entwicklungsländern (siehe Tabelle). Ein Grund hierfür ist, dass deren Erzeugung in Flächenkonkurrenz zur Nahrungsproduktion für die einheimische Bevölkerung steht.

Eine Umfrage unter Öko-Landwirten ergab, dass diese nach erfolgter Umstellung von konventioneller auf ökologische Landwirtschaft mit ihrer Arbeit zufriedener waren als vorher[27].

Bio-Verbände verzichten zumeist auf Futtermittel aus Entwicklungsländern (eigene Umfrage, 2011)

Verband	Werden importierte Futtermittel aus Entwicklungsländern verfüttert?
Demeter	Demeter verzichtet bewusst auf die Verwendung von importierten Futtermitteln aus Entwicklungsländern
Bioland	Bioland verzichtet bewusst auf die Verwendung von importierten Futtermitteln aus Entwicklungsländern
Naturland	Naturland verzichtet bewusst auf die Verwendung von importierten Futtermitteln aus Entwicklungsländern
Biokreis	Den größten Teil der Futtermittel baut der Biokreis-Landwirt selbst an, teilweise auch Soja
Ecoland	Bei Ecoland stammt Bio-Soja aus Partnerprojekten im Süden Europas
Verbund Ökohöfe	Es gibt die Empfehlung, dass Kraftfutter (z. B. Ökosoja) nicht aus Übersee stammen sollte. In die Richtlinien ist der bewusste Verzicht noch *nicht* aufgenommen worden.
Biopark	Nur in Ausnahmefällen dürfen die Betriebe auf Importware zurückgreifen. Dabei handelte es sich in der Vergangenheit immer um Bio-Soja aus Italien
Gäa	keine Angaben erhalten

Die ökologische Landwirtschaft beinhaltet häufig auch soziale und kulturelle Zusatzleistungen, wie Kindergarten- und Schulbauernhöfe, Betriebe zur Therapie und Integration von Menschen mit Behinderungen und psychisch Kranken sowie Höfe, die ältere Menschen in den Betrieb einbeziehen.

Ökologisch erzeugte Lebensmittel sind an verschiedenen Zeichen zu erkennen. Diese geben unterschiedliche Qualitätsniveaus wieder und sind in verschiedenen Läden zu kaufen (Abbildung, S. 133).

Zeichen für Bio-Lebensmittel

Als Bio-Käufer haben Sie vielleicht auch schon zu hören bekommen: »Bei Bio ist auch nur das Gleiche drin, nur zahlst du mehr« oder: »Überall wird doch gemogelt.« Aber die Bio-Kennzeichnung ist seit 1991 gesetzlich geregelt und wird verlässlich kontrolliert. Mittlerweile finden sich auf der Verpackung teilweise mehrere Bio-Logos.

Das deutsche Bio-Siegel

Sehr bekannt ist das deutsche sechseckige Bio-Siegel. Es wurde im Jahr 2001 als deutschlandweit einheitliches Zeichen für Erzeugnisse aus ökologischem Landbau eingeführt und kennzeichnet derzeit über 60 000 Produkte. Das Bio-Siegel bürgt für Produkte, die nach dem gesetzlichen Mindeststandard der EU-Öko-Verordnung hergestellt sind. Genaueres finden Sie auf der Website www.bio-siegel.de.

Das neue EU-Bio-Logo

Dieses gibt es seit 1. Juli 2010 und ist für alle Bio-Produkte verbindlich vorgeschrieben. Es steht ebenfalls für das Qualitätsniveau der EU-Kriterien. Genauere Infos unter http://ec.europa.eu/agriculture/organic/home_de.

Die Warenzeichen der Öko-Anbauverbände

Viele Bio-Produkte tragen zusätzlich die Logos der Öko-Anbauverbände. Hier können Sie darauf vertrauen, dass das Produkt noch strengeren Qualitätsrichtlinien genügt, als die EU-Öko-Verordnung vorschreibt (Genaueres unter www.oekolandbau.de). Diese werden von den jeweiligen Anbauverbänden erstellt, die teilweise schon seit Jahrzehnten existieren. Die größten und bekanntesten sind Bioland, Naturland und Demeter. Die meisten Bio-Bauern und viele Verarbeitungsbetriebe in Deutschland sind in Verbänden organisiert. Sie stehen für höchste Bio-Qualität. Daneben gibt es verschiedene Eigenmarken von Supermärkten und Discountern – sie basieren auf dem niedrigeren EU-Qualitätsniveau.

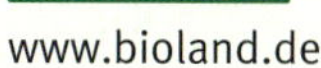

www.bioland.de

www.naturland.de

www.demeter.de

BIOPARK®
Ökologischer Landbau

www.biopark.de

www.biokreis.de

www.gaea.de

www.ecovin.de

www.ecoland.de

www.verbund-oekohoefe.de

Quelle: www.oekolandbau.de und Internetseiten der Verbände

Regional und saisonal – die beste Wahl

**Je kürzer der Weg eines Lebensmittels auf unsere Teller, desto frischer und vitaminreicher kann es sein. Das hört sich logisch an. Aber warum haben sich dann in den letzten Jahrzehnten die Lebensmitteltransporte für den deutschen Markt stark erhöht?
Ein Grund: Sogenannte Billiglohnländer produzieren viel billiger, als unsere regionalen Bauern das je könnten. Daher landen z. B. chinesische Zwiebeln in deutschen Supermarktregalen.**

Unsere Lebensmittel werden heute teilweise um den halben Globus transportiert, bevor wir sie kaufen. Außerdem nehmen die Transporte auch innerhalb Deutschlands zu, beispielsweise Lieferungen von Obst, Getreide oder Milch von Norddeutschland nach Bayern oder umgekehrt – obwohl diese auch vor Ort produziert werden. Häufig legen auch Lebensmittel für einzelne Zwischenschritte der Verarbeitung weite Strecken zurück.[10] So werden Nordseekrabben zum Pulen per Kühl-LKW vor allem nach Marokko transportiert – und wieder zurück zum Krabbenbrötchen auf Sylt.

Zu jeder Jahreszeit gibt es bestimmte Lebensmittel, auf die wir uns monatelang freuen. Denken wir an die vielen Beerensorten im Sommer: ein Genuss, auf den es sich zu warten lohnt. Frisches Obst und Gemüse aus der Region zu kaufen ist dann sinnvoll, wenn es auch Saison hat, d. h., wenn es im Freiland ohne energieaufwendig beheizte Treibhäuser wachsen kann. Wer sich also beim Einkauf an einem Saisonkalender orientiert (ab Seite 160), kann bestes regionales Obst und Gemüse aus dem Freiland kaufen. Und tut dabei gleichzeitig etwas fürs Klima und die eigene Gesundheit. Darüber hinaus können wir so die Bäuerinnen und Bauern aus unserer Nachbarschaft unterstützen.

Lebensmitteltransporte verbrauchen Energie und belasten unsere Umwelt

Lebensmitteltransporte sind unerlässlich, doch sie belasten unser Klima. Was wir aber durchaus beeinflussen können: Die Menge des Treibhausgas-Ausstoßes ist einerseits abhängig von den zurückgelegten Kilometern, andererseits vom jeweiligen Transportmittel. Kürzere Transportwege können zum Klimaschutz beitragen. Dabei sind effiziente Vermarktungsstrukturen wichtig, denn sowohl schlecht ausgelastete Transportmittel als auch solche mit geringer Lademöglichkeit sind ungünstig für das Klima.

Das häufigste Transportmittel für Lebensmittel ist der LKW, der das Klima vergleichsweise stark belastet. Dagegen produziert der gleiche Transport mit der Bahn nur ein Drittel der Treibhausgase. Extrem umweltschädlich sind Flugtransporte, die pro Tonne und Kilometer etwa 200-mal mehr Treibhausgase erzeugen als Transporte per Seeschiff.[28] Mit dem Flugzeug werden hauptsächlich leicht verderbliche Lebensmittel transportiert, z. B. grüne Bohnen, Erdbeeren oder Spargel im Winter – frische Fischfilets, Fleisch sowie verschiedene exotische Früchte wie Mangos und Ananas und Gemüse ganzjährig[29]. Weniger ist hier ganz klar mehr, denn ein geringeres Transportaufkommen bedeutet nicht nur Vorteile für das Klima, sondern verursacht auch weniger Lärm und weniger Flächenversiegelung durch Straßenbau.

Müssen Lebensmittel unter die Haube? Problematisch, denn beheizte Treibhäuser und Folientunnel im Winter benötigen sehr große Mengen an Energie, meist Heizöl oder Erdgas, wodurch bis zu 30-mal mehr Treibhausgase pro Kilogramm Lebensmittel freigesetzt werden als im Freilandanbau[30]. Wachsen Obst und Gemüse saisongerecht im Freiland, ist dies viel günstiger für unser Klima als eine Produktion außerhalb der Saison.

Stärkung kleiner und mittlerer Betriebe

Wenn wir Produkte kaufen, die in unserer Region erzeugt und verarbeitet wurden, stärken wir kleinere und mittlere Betriebe und sichern somit Arbeitsplätze vor Ort. Regionale Kooperationen zwischen Landwirten, Verarbeitern, Händlern und Verbrauchern tragen zur Existenzsicherung und Stärkung der regionalen Wirtschaftskraft bei. Bauern haben sich vielfach zu Erzeugergemeinschaften zusammengeschlossen, die gemeinsam vermarkten. Beispielsweise ist in Baden-Württemberg die Bäuerliche Erzeugergemeinschaft Schwäbisch Hall (www.besh.de) bekannt, die Fleisch des schwäbisch-hällischen Landschweins sowie Rind-, Lamm- und Geflügelfleisch vertreibt.

Regionale Strukturen schaffen Vertrauen

Überschaubare, regionale Strukturen schaffen Transparenz und Vertrauen für alle Beteiligte. Zeigen wir unerlaubten Praktiken und Lebensmittelskandalen die Rote Karte! Regional und saisonal erzeugte Lebensmittel tragen auch zu einer nachhaltigen Esskultur bei und bringen uns zurück zu unseren Wurzeln. Die Wertschätzung regionaler Spezialitäten und biologischer Vielfalt ist heute in der Spitzengastronomie wieder selbstverständlich. Viele Sterneköche verarbeiten heutzutage wieder alte, schon fast vergessene Gemüsesorten aus der Region, wie Teltower Rübchen. Gerade weil es süße saftige Kirschen und Spargel nicht das ganze Jahr über gibt und die Saison verhältnismäßig kurz ist, freuen wir uns dann umso mehr darauf. Folgt man den natürlichen Schwankungen des saisonalen Angebots, isst man auch ganz automatisch abwechslungsreich.

TIPP

»Du musst essen, was du retten willst«

Die Vereinigung Slow Food ist eine Bewegung, die sich unter anderem um die Biodiversität kümmert (Erhaltung der Artenvielfalt, Projekt »Arche des Geschmacks«). Sie listet weltweit über 1000 regionale Nutztier- und Nutzpflanzenarten auf, die in Vergessenheit geraten oder aus der Mode gekommen sind. Weil z. B. Kartoffeln zu klein sind oder Nutztiere zu langsam Fleisch ansetzen. Darunter auch das Sulmtaler Huhn (S. 106). Darüber hinaus sind Gemüsesorten wie die Alb Leisa (alte Linsensorte) oder das Filderkraut allesamt samenechte Sorten und keine Hybridpflanzen, die von der Saatgutindustrie produziert werden, um Abhängigkeiten zu schaffen. Wenn Sie möchten, dass diese Artenvielfalt vorhanden bleibt, sollten Sie diese Produkte in den Speiseplan aufnehmen, um deren Absatz zu unterstützen. Vielleicht finden Sie auch in Ihrer Region ein Lebensmittel, mit dessen Kauf Sie die Erhaltung einer Art unterstützen möchten? Ein Blick auf die Website lohnt sich (www.slowfood.de). Ob Angler-Rind (Schleswig-Holstein), Champagner-Bratbirne (Schwäbische Alb) oder Maiwirsing (Raum Köln-Bonn) – sie alle gehören zu fast vergessenen regionalen Spezialitäten.

Regionales Obst und Gemüse sind zumeist voll ausgereift

Viele Menschen wissen gar nicht, wie gut frische Tomaten direkt aus dem Garten schmecken. Obst und Gemüse, die von weither stammen, werden für den langen Transport häufig unreif geerntet. Regionale Erzeugnisse haben dagegen mehr Zeit, sie dürfen vor der Ernte auf dem Feld voll ausreifen. Das können wir schmecken und riechen. Doch sie haben noch einen wesentlichen Vorteil, den wir teilweise zwar nicht mit unseren Sinnen wahrnehmen können, den aber unser Körper zu schätzen weiß: Sie sind reicher an lebensnotwendigen und gesundheitsfördernden Inhaltsstoffen, wie verschiedenen Vitaminen und Sekundären Pflanzenstoffen (zu diesen zählen auch die Aromastoffe, die für den intensiveren Geschmack regionaler Erzeugnisse sorgen). Außerdem enthält ausgereiftes Gemüse aus dem Freiland durchschnittlich weniger Schadstoff-Rückstände als Treibhausware, z. B. Nitrat und Pestizide.[2]

Lebensmittel aus der Region sind teilweise an bestimmten Zeichen erkennbar (siehe Abbildung). Sie bieten eine Orientierung beim Einkauf, auch wenn die Vergabekriterien bei manchen noch verbesserungswürdig sind. Darüber hinaus gibt es auch Zeichen für die optimale Kombination: Bio-Lebensmittel aus der Region (siehe Abbildung).

Tipp

Falls Sie sich nicht sicher sind, wann eigentlich die Erntezeit unserer Gemüse- und Obstarten ist, hilft ein Blick in einen Saisonkalender weiter (ab Seite 160).

Zeichen für regionale Erzeugnisse (Beispiele)

www.gq-bayern.de

www.schmeck-den-sueden.de

www.vonhier.com

www.agrarmarketing.thueringen.de

www.original-regional.info

www.unserland.info

www.zukunftsinitiative-eifel.de

www.feneberg.de

www.region-aktiv-18.de

Quelle: www.label-online.de und Internetseiten der Institutionen

Zeichen für regionale Bio-Lebensmittel (Beispiele)

www.stmelf.bayern.de/markt/003759/index.php

www.oekoherz.de

www.gutes-aus-hessen.de

www.lallf.de/biosiegel.411.0.html

Quelle: www.label-online.de und Internetseiten der Institutionen

Natürlichkeit ist angesagt – gerade beim Essen

Wer kennt das nicht: »Ich hol schnell was vom Vietnamesen.« »Ich mach uns rasch was heiß.« Dabei stillen wir häufig unseren Hunger zwischendurch und nebenbei, während wir weiterarbeiten, im Internet surfen oder fernsehen.

Unsere beschleunigte Lebens- und Arbeitswelt lässt uns immer öfter zu stark verarbeiteten Lebensmitteln und Fertiggerichten sowie Snacks und Süßigkeiten greifen. Diese Produkte enthalten oft viel Fett, Zucker, Salz und Nahrungsenergie – bei gleichzeitig wenig lebensnotwendigen und gesundheitsfördernden Inhaltsstoffen pro Kalorie. Sie haben also häufig eine niedrige Nährstoffdichte. Nicht selten werden Farb- und Konservierungsstoffe, Aromen oder andere Zusatzstoffe zugesetzt, die unser Körper und unsere Sinne nicht wirklich brauchen.

Außerdem verbrauchen die industrielle Verarbeitung sowie Transport und Verpackung Energie, wodurch Treibhausgase und Schadstoffe freigesetzt werden. Auch Wasser wird in hohem Maße verbraucht.

Kochen wir viel mit Fertigprodukten, gehen automatisch das Wissen um das landwirtschaftliche Erzeugnis und die Erfahrungen beim Kochen immer mehr verloren. Doch wie viel Freude und Genuss geben wir hier leichtfertig auf? Dabei bietet gerade das Kochen eine wunderbare Möglichkeit für Entspannung und Entschleunigung.

Gerade wenn wir für gute Freunde kochen (oder mit ihnen gemeinsam), die Lebensmittel sorgfältig auswählen und mit Liebe zubereiten, wird klar, in welch hohem Maß Kochen kreativ, sinnlich und sinnvoll ist.

Lebensmittel so natürlich wie möglich

Belassen wir Lebensmittel so natürlich wie möglich, enthalten sie in der Regel mehr lebensnotwendige und gesundheitsfördernde Inhaltsstoffe als verarbeitete Produkte. Denn Vitamine, Mineralstoffe, Ballaststoffe und Sekundäre Pflanzenstoffe werden bei der Lebensmittelverarbeitung oft vermindert oder abgetrennt. Außerdem enthalten gering verarbeitete Lebensmittel meist wenig Fett, Zucker und Salz.

Deutlich wird dieser Nährstoffverlust am Beispiel des Getreides. Bei der industriellen Herstellung von Weißmehl werden die nährstoffreichen Randschichten und der Keimling des Getreidekorns weitgehend abgetrennt. Bei Vollkornmehl wird hingegen das ganze Korn gemahlen und die enthaltenen Nährstoffe bleiben nahezu vollständig erhalten (siehe Tabelle S. 138).

Der Grundsatz »So natürlich wie möglich« bedeutet aber nicht, alles unverarbeitet bzw. roh zu verzehren. Vielmehr geht es um eine gesunde Mischung von unerhitzten und erhitzten Lebensmitteln. Als Faustregel gilt: jeweils etwa zur Hälfte – es kann aber je nach Verträglichkeit und Vorliebe auch ein Drittel bis zwei Drittel unerhitzt sein. Durch bestimmte Verarbeitungsmethoden werden allerdings auch wünschenswerte Inhaltsstoffe vermehrt, beispielsweise beim Ankeimen von Samen oder bei der Milchsäuregärung (z. B. Sauerkraut und Sauermilchprodukte). Diese Verarbeitung erhöht sogar die Bekömmlichkeit.

Und wenn Sie reine Grundnahrungsmittel einkaufen – also solche, die nicht oder nur gering verarbeitet sind – gehen Sie auch Lebensmittelzusätzen, wie Konservierungsstoffe, Farbstoffe und Aromen, aus dem Weg.

Ausgewählte Inhaltsstoffe von 500 g Weizen-Vollkornbrot und Weißbrot[31]

Inhaltsstoff	Wichtig für	Vollkornbrot		Weißbrot	
Vitamin B_1	starke Nerven	1,15 mg	100 %	0,45 mg	39 %
Vitamin E	gute Abwehr	4 mg	100 %	3 mg	75 %
Folsäure	vitale Zellen	125 µg	100 %	75 µg	60 %
Magnesium	aktive Muskeln	300 mg	100 %	120 mg	40 %
Eisen	gesundes Blut	10 mg	100 %	3,5 mg	35 %
Ballaststoffe	aktiven Darm	42 g	100 %	15 g	36 %

Die Prozentangaben beziehen sich auf die größtmöglichen Mengen an Inhaltsstoffen in Brot (Vollkornbrot = Maximum = 100 %).

Je stärker die Verarbeitung, desto mehr Treibhausgase

Eigentlich ist die Rechnung logisch: Was intensiver verarbeitet wurde, hat auch mehr Energie verbraucht und dadurch mehr Treibhausgase verursacht. Beispielsweise ist der Treibhausgas-Ausstoß bei der Erzeugung von Trockenfrüchten wie Apfelringen 40-mal höher als bei frischen Äpfeln. Wird statt Limonade Wasser getrunken (außer weit transportiertes Mineralwasser), können 85 % des Ressourcenverbrauchs und des Schadstoffausstoßes eingespart werden, denn insbesondere die Herstellung von Zucker ist äußerst energieaufwendig. Greifen Sie zu Apfelschorle statt zu Limonade, sinkt die Umweltbelastung auf die Hälfte. Bei Bier entstehen 90-mal mehr Treibhausgase als bei Mineralwasser.[32]

Auch bei (Tief-)Kühlung und Erhitzung entstehen bedeutende Mengen an Treibhausgasen. So verursachen tiefgekühlte Pommes frites bis zu 29-mal mehr Treibhausgase als frische Kartoffeln.[33] Gering verarbeitete Lebensmittel helfen nicht nur Energie, Wasser und Treibhausgase sparen, sondern es lassen sich auch viele Transportkilometer vermeiden, die zwischen den einzelnen Verarbeitungsstufen liegen. Auch Zwischen- und Transport-Verpackungen fallen weitgehend weg.

Unser Geldbeutel freut sich

Gering oder nicht verarbeitete Grundnahrungsmittel sind zumeist preiswerter, weil kostenintensive Verarbeitungsschritte entfallen. Allerdings gibt es auch Gegenbeispiele, wie stark verarbeitetes Auszugsmehl, das billiger ist als ungemahlene Getreidekörner. In der Regel kosten aber Fertigprodukte, Süßigkeiten und Alkoholika unverhältnismäßig viel – vor allem gemessen an ihrem niedrigen Gesundheitswert. Außerdem unterstützen wir durch unseren Kauf von weniger stark verarbeiteten Lebensmitteln das Handwerk von kleineren und mittleren Betrieben. So können deren Existenzen gesichert und Arbeitsplätze in der Region erhalten bzw. neu geschaffen werden.

Essen ist ein soziales Erlebnis

Wer seine Familie, seine Freunde oder seine Kollegen kulinarisch überraschen möchte, wird wohl kaum ein Fertiggericht auftischen. Die Vorfreude auf das gemeinsame Essen beginnt schon beim Einkaufen: »Dafür gehe ich erst einmal auf den Wochenmarkt, kaufe frisches Gemüse und bringe Blumen für den Tisch mit …« Das Kochen selbst können wir mit Zeit und Liebe zelebrieren und müssen es nicht schnell nebenbei laufen lassen. Mit frischen und natürlichen Lebensmitteln zu kochen, stärkt auch die sinnliche Wahrnehmung des Essens sowie die Wertschätzung gegenüber den Lebensmitteln und den Menschen, die sie für uns erzeugten. Auch wenn so viel Aufwand nicht täglich möglich ist, können wir uns dies aber für besondere Momente reservieren. Das gemeinsame Kochen in der Familie oder mit Freunden kann sogar viel Spaß machen.

Zur leichteren Auswahl der Lebensmittel gibt es eine Orientierungstabelle – entsprechend der umfassenden Qualität im Sinne der Nachhaltigkeit. Diese teilt die Lebensmittel nach ihrem Verarbeitungsgrad ein (S. 139 – 141).

Orientierungstabelle für eine Nachhaltige Ernährung

Die Einteilungskriterien für die Lebensmittel in dieser Tabelle sind gesundheitliche/ernährungsphysiologische sowie ökologische und soziale Aspekte. Von besonderer Bedeutung sind Art und Ausmaß der Lebensmittelverarbeitung: mit zunehmender Verarbeitung sinkt in der Regel auch die Nährstoffdichte, außerdem nehmen die ökologischen Nachteile zu. Die Übergänge zwischen den Spalten sind teilweise fließend.

Wie Sie die Tabelle lesen:

Wählen Sie Lebensmittel der ersten und zweiten Spalte je etwa zur Hälfte für Ihren persönlichen Speiseplan aus. Lebensmittel aus Spalte drei sollten Sie nur selten verzehren, aus Spalte vier möglichst meiden. Ein Stern (*) bedeutet, dass diese Lebensmittel mäßig verwendet werden sollten; diese mengenmäßige Einschränkung ist in den Spalten drei und vier durch die Überschrift gegeben und darum nicht nochmals vermerkt. Weiter oben aufgeführte, d. h. pflanzliche Lebensmittel sollten Sie gegenüber tierischen Lebensmitteln bevorzugen.

Wählen Sie möglichst Erzeugnisse aus ökologischer Landwirtschaft. Außerdem sind Erzeugnisse regionaler Herkunft und der Jahreszeit entsprechend bevorzugt zu empfehlen. Darüber hinaus sollten Sie Lebensmittel, die besonders schadstoffbelastet sind, meiden; ebenso Nahrungsmittel, die Zusatzstoffe enthalten oder mit isolierten Nährstoffen (außer Jod) angereichert sind; ferner Produkte, die unter Anwendung von Gentechnik hergestellt sind, sowie unnötig verpackte Lebensmittel.

Orientierungstabelle für die Vollwert-Ernährung – Empfehlungen für die Lebensmittelauswahl gesunder Erwachsener[34]

Wertstufen	1 Sehr empfehlenswert	2 Sehr empfehlenswert	3 Weniger empfehlenswert	4 Nicht empfehlenswert
Verarbeitungsgrad	**Nicht/gering verarbeitete Lebensmittel (unerhitzt)**	**Mäßig verarbeitete Lebensmittel (vor allem erhitzt)**	**Stark verarbeitete Lebensmittel (vor allem konserviert)**	**Übertrieben verarbeitete Lebensmittel und Isolate/Präparate**
Mengenempfehlung	**Etwa die Hälfte der Nahrungsmenge**	**Etwa die Hälfte der Nahrungsmenge**	**Nur selten verzehren**	**Möglichst meiden**
Gemüse/Obst	Frischgemüse Milchsaures Gemüse (z. B. Frischkost-Sauerkraut) Frischobst	Erhitztes Gemüse (auch milchsaures) Erhitztes Obst Tiefkühlgemüse*, -obst*	Gemüsekonserven (z. B. Tomaten in Dosen) Obstkonserven (z. B. Kirschen in Gläsern)	Nahrungsergänzungsmittel (z. B. Vitamin-, Mineralstoff-, Ballaststoffpräparate) Tiefkühlfertiggerichte

* mäßig zu verwenden
Autoren: T. Männle, K. v. Koerber, C. Leitzmann, W. Franz, I. Hoffmann, A. v. Holten

Orientierungstabelle für die Vollwert-Ernährung – Empfehlungen für die Lebensmittelauswahl gesunder Erwachsener[34]

Wertstufen	1 Sehr empfehlenswert	2 Sehr empfehlenswert	3 Weniger empfehlenswert	4 Nicht empfehlenswert
Verarbeitungsgrad	**Nicht/gering verarbeitete Lebensmittel (unerhitzt)**	**Mäßig verarbeitete Lebensmittel (vor allem erhitzt)**	**Stark verarbeitete Lebensmittel (vor allem konserviert)**	**Übertrieben verarbeitete Lebensmittel und Isolate/Präparate**
Mengenempfehlung	**Etwa die Hälfte der Nahrungsmenge**	**Etwa die Hälfte der Nahrungsmenge**	**Nur selten verzehren**	**Möglichst meiden**
Getreide	Gekeimtes Getreide Vollkornschrot (z. B. Frischkornmüsli) Frisch gequetschte Flocken	Vollkornprodukte (z. B. Vollkornbrot, -nudeln, -flocken, -feinbackwaren) Vollkorngerichte	Nicht-Vollkornprodukte (z. B. Weißbrot, Graubrot, weiße Nudeln, Cornflakes, Auszugsmehl-Feinbackwaren) Geschälter (weißer) Reis	Getreidestärke (z. B. Maisstärke)
Kartoffeln		Gegarte Kartoffeln (möglichst Pellkartoffeln)	Fertigprodukte (z. B. Püree-, Knödelmischung, Chips) Pommes frites	Kartoffelstärke
Hülsenfrüchte		Gekeimte, blanchierte Hülsenfrüchte Erhitzte Hülsenfrüchte	»Sojamilch«, Tofu Fertigprodukte (z. B. Bratlingsmischung)	»Sojafleisch« Sojaprotein Sojalezithin
Nüsse/Fette/Öle	Nüsse*, Mandeln* Ölsamen* (z. B. Sonnenblumenkerne, Sesam) Ölfrüchte* (z. B. Oliven)	Geröstete Nüsse*, Nussmuse* Native, kalt gepresste Öle* Ungehärtete Pflanzenmargarinen – mit hohem Anteil an nativen, kalt gepressten Ölen* Butter*	Gesalzene Nüsse Extrahierte, raffinierte Fette und Öle Ungehärtete Pflanzenmargarinen Kokosfett Butterschmalz	Nuss(Nougat)-Creme Gehärtete Fette (z. B. die meisten Margarinen, Frittierfette) Fett-Ersatzstoffe
Milch/Milchprodukte	Vorzugsmilch	Pasteurisierte Vollmilch Milchprodukte (ohne Zutaten) Käse* (ohne Zusatzstoffe)	H-Milch(-Produkte) Milchprodukte (mit Zutaten) Käse (mit Zusatzstoffen)	Sterilmilch Kondensmilch Milchpulver Milchzucker Milch-, Molkenprotein Milch- und Käse-Imitate Schmelzkäse

* mäßig zu verwenden

Orientierungstabelle für die Vollwert-Ernährung – Empfehlungen für die Lebensmittelauswahl gesunder Erwachsener[34]

Wertstufen	1 Sehr empfehlenswert	2 Sehr empfehlenswert	3 Weniger empfehlenswert	4 Nicht empfehlenswert
Verarbeitungsgrad	Nicht/gering verarbeitete Lebensmittel (unerhitzt)	Mäßig verarbeitete Lebensmittel (vor allem erhitzt)	Stark verarbeitete Lebensmittel (vor allem konserviert)	Übertrieben verarbeitete Lebensmittel und Isolate/Präparate
Mengenempfehlung	Etwa die Hälfte der Nahrungsmenge	Etwa die Hälfte der Nahrungsmenge	Nur selten verzehren	Möglichst meiden
Fleisch/Fisch/Eier		Fleisch* (bis 2-mal/Woche) Fisch* (bis 1-mal/Woche) Eier* (bis 2 Stück/Woche)	Fleischwaren, -konserven Wurstwaren, -konserven Fischwaren, -konserven	Innereien Ei-Pulver, Flüssig-Ei
Getränke	Ungechlortes Trinkwasser Kontrolliertes Quellwasser Natürliches Mineralwasser	Kräuter-, Früchtetees Verdünnte Fruchtsäfte Verdünnte Gemüsesäfte Getreidekaffee*	Tafelwasser Fruchtnektare Kakao Bohnenkaffee Schwarzer Tee Bier, Wein	Limonaden, Cola-Getränke Fruchtsaftgetränke Instantgetränke (z. B. Tee, Kakao) Sportlergetränke Energy-Drinks Spirituosen
Gewürze/Kräuter/ Salz	Ganze oder frisch gemahlene Gewürze Frische Kräuter	Gemahlene Gewürze Getrocknete Kräuter Jodiertes Meer- und Kochsalz*	Kräutersalz Meersalz Kochsalz	Aromastoffe (natürliche, naturidentische, künstliche) Geschmacksverstärker (z. B. Glutamat)
Süßungsmittel	Frisches, süßes Obst	Honig* (nicht wärmegeschädigt, verdünnt) Trockenobst* (ungeschwefelt, eingeweicht)	Honig (wärmegeschädigt) Trockenobst (geschwefelt) Dicksafte (z. B. aus Äpfeln, Agaven) Sirup (z. B. aus Ahorn, Zuckerrüben) Vollrübenzucker Vollrohrzucker	Süßwaren Süßigkeiten Isolierte Zucker (z. B. Haushalts- und brauner Zucker) Zuckeraustauschstoffe (z. B. Sorbit) Süßstoffe

* mäßig zu verwenden

Herausgeber: Verband für Unabhängige Gesundheitsberatung e. V. (UGB), Verbraucher-Zentrale NRW e. V. – Bezugsadressen: www.ugb.de und www.vz-nrw.

»Fair Play« auch bei Lebensmitteln

Auch wenn wir uns vielleicht über Preissteigerungen ärgern – für Lebensmittel geben wir im Vergleich zu früher und zu vielen anderen Ländern sehr wenig Geld aus. Durchschnittlich nur noch rund 14% unseres Einkommens[35].

Gemessen an unseren gestiegenen Einkommen waren die Lebensmittelausgaben noch nie so niedrig wie heute! Aber viele Landwirte, Verarbeiter und Händler können durch immer weiter sinkende Erlöse für Lebensmittel nicht mehr kostendeckend wirtschaften – sei es bei uns oder in sog. Entwicklungsländern. Als Folge geben immer mehr Bauern ihren Betrieb auf und die verbleibenden Agrarbetriebe wirtschaften zunehmend intensiver – mit Problemen für die Nachhaltigkeit.

Hinzu kommt, dass die niedrigen Lebensmittelpreise die tatsächlichen Produktionskosten nicht ehrlich wiedergeben. Die ökologischen und sozialen Folgekosten, z. B. durch Klimaschäden, Schadstoffbelastung von Böden und Grundwasser bzw. durch Arbeitsplatzverlust oder Existenzbedrohung, sind in den Nahrungsmittelpreisen nicht enthalten. Die niedrigen Ladenpreise von Lebensmitteln werden durch unsere Steuergelder subventioniert – oder (noch problematischer) durch die Übertragung von Folgekosten auf kommende Generationen aufrechterhalten. Dies ist das genaue Gegenteil von Nachhaltigkeit – doch dagegen können wir etwas tun.

Importprodukte aus Entwicklungsländern, wie Kaffee, Tee, Kakao/Schokolade, exotische Früchte und Gewürze, sind ein Genuss und bereichern unseren Alltag. Dennoch ist nur wenigen bewusst, woher diese Waren genau stammen und wie sie in den Ländern des Südens erzeugt werden. Viele landwirtschaftliche Erzeugnisse und Konsumartikel werden unter menschenunwürdigen Arbeitsbedingungen produziert, oftmals auch von Kindern. Beispielsweise sind 80 Millionen bzw. 40% aller unter 14-Jährigen in Afrika von ausbeuterischen Formen der Kinderarbeit betroffen[36]. Sie leiden unter Zwangsarbeit, Leibeigenschaft, Sklaverei oder Missbrauch. Sie können keine Schule besuchen, und die meisten von ihnen erhalten keinen Lohn.

Eine nachhaltige und damit sozial verträgliche Entwicklung kann in Entwicklungsländern gefördert werden, wenn wir bereit sind, für Importwaren faire Preise zu zahlen. Zertifizierte Erzeugnisse aus Fairem Handel werden in sog. Weltläden oder auch in Bio-Läden angeboten, mittlerweile führen auch viele Supermärkte fair gehandelte Waren. Beim Kauf heimischer Produkte direkt beim Erzeuger können wir persönlich fragen, ob der Preis auch »stimmt«.

Stimmt der Preis?

Auch unsere Landwirte in Deutschland und Europa brauchen faire und stabile kostendeckende Preise. Die Kosten, beispielsweise zur Produktion eines Liters Milch, liegen für die meisten Milchbauern über dem Erlös, der momentan auf dem Markt erzielt wird. Ein Liter Milch kostet oft nur etwa die Hälfte wie ein Liter Benzin – und bei den Bauern kommt davon nur wenig an. Während die Produktionskosten sogar steigen, ist der Milch-Erzeugerpreis ständigen Preisschwankungen ausgesetzt. Anfang 2008 betrug er beispielsweise in Bayern 40 Cent je Liter, im Juli 2009 dagegen nur 24 Cent – im Frühjahr 2011 lag er wieder höher, bei 33 Cent[37].

Auch die Weltmarktpreise für konventionell gehandelte Importprodukte aus Entwicklungsländern schwanken sehr stark. Beim weltweiten Fairen Handel erhalten dagegen die Erzeuger für ihre Rohstoffe, wie Rohkaffee oder Kakaobohnen, einen fairen Mindestpreis, der über dem Weltmarktpreis liegt und die Produktionskosten deckt. Darüber hinaus werden Prämien und Abnahmegarantien in langfristigen Verträgen festgelegt, die den Landwirten Planungssicherheit geben. Und Vorauszahlungen durch die Importeure ermöglichen wichtige Investitionen. Bei fair gehandelten Lebensmitteln entfällt der Zwischenhandel durch eine Direktabnahme, während im konventionellen Bereich ein großer Teil des Verkaufspreises bei den Zwischenhändlern landet. Die Direktabnahme ihrer Produkte sichert den Bauern somit einen deutlich höheren Preis[38].

Warum wir faire Erzeugerpreise zahlen sollten

Zahlen wir faire Erzeugerpreise für heimische Produkte, unterstützen wir insbesondere kleinere und mittlere Betriebe in Deutschland. Dadurch werden Arbeitsplätze in ländlichen Regionen gesichert. Außerdem helfen diese bäuerlichen Betriebe, die Kulturlandschaft einschließlich der Tiere zu erhalten, z. B. durch Almwirtschaft in den Alpen oder Schafherden in der Lüneburger Heide.

Da es sich bei den Erzeugern von fair gehandelten Produkten in Entwicklungsländern meist um demokratisch organisierte Bauern-Genossenschaften handelt, können diese selbst über die Verwendung ihres Mehreinkommens entscheiden: zusätzliches Geld für soziale Projekte, Fortbildungen, Gesundheitsvorsorge und Infrastruktur.[38] Der Faire Handel fördert aktiv den Bau sozialer Einrichtungen, wie Schulen, Krankenhäuser oder Altenheime, und garantiert eine soziale Absicherung der Bauern und Arbeiter. Darüber hinaus stärkt der Faire Handel die Qualifizierung und das Selbstbewusstsein der Produzenten – und er schließt ausbeuterische Formen der Kinderarbeit ausdrücklich aus[36].

Doch solange nicht klar ist, warum übliche Lebensmittel so billig und fair gehandelte Produkte teurer sind, bleiben diese im Ladenregal eher liegen. Bildungs- und Öffentlichkeitsarbeit sind daher notwendig, um das höhere Preisniveau fair gehandelter Produkte aus Entwicklungsländern transparent zu machen und die Verbraucher zum Kauf zu motivieren. Diese Anstrengungen müssen auch über den höheren Preis der Produkte finanziert werden.

WISSEN

Der schwankende Preis für Kaffee und die Folgen

Hier ein Beispiel, wie stark die Weltmarktpreise für bestimmte Agrarprodukte schwanken: Im Jahr 2008 wurden für 500 g Arabica-Kaffee im konventionellen Handel durchschnittlich 0,87 € gezahlt, 2001 betrug er z. B. nur 0,46 €. Für fair gehandelten Kaffee lag 2008 der garantierte Preis bei mindestens 0,93 €, zuzüglich einer Fair-Handels-Prämie von 0,07 € – zusammen also bei mindestens 1 €. Dieser Preis wurde zwischen den Fair-Handels-Organisationen und den Produzenten vereinbart – und sichert zumindest ein Existenzminimum für die Arbeiter- und Bauernfamilien.[38] Mitte 2011 lag der Weltmarktpreis für Arabica-Kaffee mit 2,15 € pro 500 g dagegen etwa zweieinhalb mal so hoch wie 2008. Gründe für den deutlichen Anstieg waren vor allem erschwerte Ernte- und Transportbedingungen durch schlechtes Wetter, außerdem Börsenspekulationen und eine steigende Kaffee-Nachfrage besonders in Schwellenländern. Die gestiegenen Weltmarktpreise bedeuten höhere Erlöse für alle Kaffeebauern, wobei die Mitglieder der Fair-Handels-Genossenschaften ihre besondere Prämie zusätzlich erhalten. Zwar geht es den Kaffeebauern dadurch besser, doch eine Existenzsicherheit ist auf Dauer nur beim Fairen Handel gegeben. Dies zeigt vor allem das Beispiel vom Oktober 2001, als der Kaffeepreis von einem auf den anderen Tag massiv einbrach.

Fair ist überwiegend auch Bio

Die Produktionsbedingungen des Fairen Handels beinhalten Mindest-Umweltschutzauflagen wie Trinkwasserschutz, Wiederaufforstung, Abfallbeseitigung und möglichst geringer Chemikalieneinsatz. Produkte aus Fairem Handel werden inzwischen überwiegend in zertifizierter Bio-Qualität erzeugt und somit noch strengeren Umweltschutzkriterien unterworfen.

Gesundheitsschutz der Bauern in Entwicklungsländern

Durch erhöhte gesundheitliche Schutzmaßnahmen, z.B. bei der Anwendung chemischer Substanzen mit Schutzanzügen, werden Vergiftungen der Arbeiter und Bauern in Entwicklungsländern vermieden. Durch ihr höheres Einkommen beim Fairen Handel steht den Erzeugern mehr Geld für Lebensmittel und Bildung zur Verfügung, was zu einer besseren Ernährungssituation und Gesundheit beiträgt.

Kaffee, Tee, Kakao und Schokolade bieten sich uns für einen bewussten Genuss an. Dabei Maß zu halten, tut unserer Gesundheit gut und gleicht den höheren Ladenpreis fair gehandelter Produkte aus. Lebensmittel aus Fairem Handel sind an bestimmten Zeichen erkennbar (siehe Abbildung).

Zeichen für Erzeugnisse aus Fairem Handel (Beispiele)

Quelle: www.label-online.de und Internetseiten der Institutionen

WISSEN

Kampagnen zum Fairen Handel

Verschiedene Kampagnen setzen sich für den Fairen Handel ein. »Fair feels good« war die erste bundesweite Informationskampagne der VERBRAUCHER INITIATIVE in Kooperation mit TransFair und dem Weltladen-Dachverband (www.fair-feels-good.de). Eine aktuelle Kampagne nennt sich »Öko + Fair ernährt mehr!« (www.oekoplusfair.de). Der Weltladen-Dachverband und der ökologische Anbauverband Naturland wollen mit ihr forciert auf die weltweite Ernährungskrise und deren Opfer aufmerksam machen. Zum Auftakt der Kampagne wurden im Herbst 2008 die Universität Kassel und das Deutsche Institut für Tropische und Subtropische Landwirtschaft in Witzenhausen mit der Durchführung einer Studie zum Thema »Ökologische Landwirtschaft und Fairer Handel in Entwicklungsländern« beauftragt. Die Studie zeigt deutlich, dass Fairer Handel und ökologische Landwirtschaft einen bedeutenden Beitrag zur weltweiten Ernährungssicherung leisten können. Dies bestätigt auch der 2008 veröffentlichte Weltagrarbericht (www.weltagrarbericht.de). Weitere Internet-Adressen sind www.fairerhandel.de, www.forum-fairer-handel.de und www.fairtrade-deutschland.de.

Nachhaltiger Alltag

»Trennen Sie Ihren Müll«, »Vermeiden Sie Verpackungen« – solche Tipps sind bei uns Verbrauchern ein Stück weit angekommen. Aber wie sieht es aus mit der Müllvermeidung? Wie lässt sich Strom sparen? Und was kann man schon bei der Anschaffung von Haushaltsgeräten oder bei Einkaufsfahrten beachten?

Verpackungsmüll und Abfälle

Tatsächlich liegen wir Deutschen in der Mülltrennung europaweit vorne. Die Müllvermeidung hingegen lässt noch zu wünschen übrig, wodurch aber langfristig die Abfallberge kleiner werden sollen. Im Schnitt verbrauchen wir 65 Plastiktüten pro Person und Jahr[39]. Sie sind biologisch nicht abbaubar und verrotten nicht.

Wenn wir Plastiktüten ordnungsgemäß trennen und über den gelben Sack bzw. die Wertstofftonne entsorgen, können sie zu Recyclingkunststoffen verarbeitet werden. Ein anderer Teil landet im Restmüll, der in der Regel verbrannt wird, wobei klimaschädliche und giftige Substanzen entstehen können. Darüber hinaus finden sich unzählige Tüten nicht entsorgt in der Natur wieder. Sie zerfallen allmählich zu kleineren Teilen, belasten die Umwelt und gefährden viele Tiere.

Was können wir tun?

- Um Müll zu vermeiden, kaufen Sie Lebensmittel möglichst unverpackt ein, z. B. Gemüse, Kartoffeln und Obst. Auch durch die Wahl von Lebensmitteln in Mehrwegverpackungen kann man Abfall vermeiden. Diese sind in der Regel umweltverträglicher als Einwegverpackungen oder gar Kleinstverpackungen. Lassen Sie mehrfach verpackte Produkte ruhig links liegen.
- Denken Sie vor dem Einkauf daran, geeignete Tüten, Behälter und Taschen mitzunehmen und möglichst oft zu verwenden, dann können Sie immer neue Plastiktüten vermeiden.
- Geben Sie auch nicht perfekt gewachsenem Gemüse und Obst eine Chance – und nicht nur standardisierten, makellosen Früchten.
- Gehen Sie auf Reisen und haben noch Lebensmittel im Kühlschrank, die Sie nicht mitnehmen können? Verschenken Sie sie an Nachbarn oder Freunde, um die Leckereien nicht verderben zu lassen.
- Wenn im Restaurant etwas übrig bleibt, können Sie sich das einfach einpacken lassen.

WISSEN

Lebensmittel werden zu Müll

In Deutschland werden etwa 25 % aller Lebensmittel zu Müll[40]. Wir werfen Essensreste, Produkte mit gerade abgelaufenem Mindesthaltbarkeitsdatum sowie Gemüse und Obst mit kleinen Schönheitsfehlern weg. Ganz zu schweigen von den riesigen Mengen, die in Supermärkten oder in der Gastronomie »entsorgt« werden. Inzwischen gibt es in vielen Städten allerdings sog. Tafeln, denen Läden und Restaurants ihre überschüssigen Lebensmittel überlassen können, die dann an Bedürftige verteilt werden.

Wechsel auf Ökostrom: das A und O für den Klimaschutz

Auch wenn wir im Haushalt Energiespartipps beherzigen und stromeffiziente Geräte verwenden – unseren Energieverbrauch können wir kaum auf null reduzieren. Aber wenn Sie den Stromanbieter wechseln und Ökostrom aus erneuerbaren Energien beziehen, können Sie die klimaschädigende Wirkung Ihres Stromverbrauchs massiv reduzieren, etwa um 90%!

Die derzeitige Zusammensetzung der Energieträger zur Stromerzeugung in Deutschland wird als »Deutscher Strommix« bezeichnet. Durch diese Art der Stromerzeugung entstanden 2008 etwa 572 g Treibhausgase pro erzeugter Kilowattstunde[42]. Bei der Ökostrom-Erzeugung aus erneuerbaren Energien entstehen dagegen kaum Treibhausgase, nur etwa 10% der üblichen Menge.

Die Reaktorkatastrophe in Japan lehrt uns erneut auf dramatische Weise, dass auch Atomkraft keine sichere Alternative zu Strom aus fossilen Energiequellen wie Kohle, Erdgas oder Erdöl ist. Somit bleibt nur die Kombination:

- Erhöhung der technischen Effizienz der Energienutzung,
- konsequente und weitreichende Energieeinsparung (Suffizienz) in allen Lebensbereichen und gesellschaftlichen Sektoren,
- Gewinnung des dann noch benötigten Stroms aus erneuerbaren Quellen wie Wasser, Wind, Sonne und Erdwärme.

Der Wechsel auf einen Ökostrom-Anbieter ist sehr einfach und schnell, ohne Komfortverlust, meist nicht teurer – und ein deutliches politisches Signal für die notwendige Energiewende. Weitere Informationen zum Anbieterwechsel: z. B. www.atomausstieg-selber-machen.de und www.projekt21plus.de.

Energiesparen in der Küche

Selbst wenn Sie schon zu einem Ökostrom-Anbieter gewechselt sind: auch Ökostrom muss erzeugt und transportiert und die Anlagen müssen gebaut werden. Insofern bleibt ein kleiner Rest an Klimabelastung.

Darüber hinaus ist die Energieerzeugung kostenintensiv. Daher lohnt es sich, zusätzlich Energie zu sparen: für das Klima und für unseren Geldbeutel.

Beim Kochen und Backen[42]

- Wählen Sie eine passend große Kochstelle für die Größe des Topfbodens, denn sonst geht viel Energie ungenutzt verloren.
- Wollen Sie verhindern, dass beim Kochen rund 75% der Energie verschwendet werden und wichtige Inhaltsstoffe aus unserem Essen verdampfen, sollten Sie passende Deckel für Töpfe und Pfannen nutzen. Am besten Glasdeckel, denn die muss man nicht so häufig zum Nachschauen abheben. Kochen Sie mit möglichst wenig Flüssigkeit.
- Nutzen Sie die Nachwärme der Herdplatten bzw. Kochfelder, indem Sie diese früher ausschalten.
- Brauchen Sie heißes Wasser zum Kochen von Tee oder Kaffee, Nudeln oder Kartoffeln, erhitzen Sie es am besten im Wasserkocher.
- Heizen Sie den Backofen möglichst nicht vor, sondern nutzen Sie, wenn vorhanden, die Umluftfunktion sowie die Nachwärme. Sie können auch mehrere Gerichte oder Komponenten gleichzeitig garen.
- Kochen oder backen Sie möglichst größere Mengen auf ein Mal – gleich für den nächsten Tag mit.

Beim Kühlen und Tiefkühlen[43]

- Sortieren Sie Ihre Lebensmittel übersichtlich im Kühlschrank bzw. Tiefkühlgerät, damit Sie die Tür nicht so lange auflassen müssen, um etwas zu finden. Sonst »fällt« zu viel Kälte heraus.
- Für frische Lebensmittel und geringen Stromverbrauch sollten Sie Ihren Kühlschrank nicht kälter als

7 bis 8 Grad stellen. Für knackiges Gemüse und Obst ist ein modernes Frischefach mit ca. 1 Grad ideal. Und wenn man Gemüse und Obst bald verzehrt, brauchen z. B. Äpfel oder Tomaten auch gar nicht in den Kühlschrank. Ein kühler Keller reicht oft auch für mehrere Tage aus.

- Generell braucht Tiefkühlen sehr viel Strom, besonders zur Aufrechterhaltung der Kühlkette im Handel. Für die tägliche Ernährung sind Tiefkühlprodukte daher ökologisch nicht sinnvoll, sondern eher für besondere oder unerwartete Anlässe. Auch zu einer gewissen Überbrückung des Winters, wo es wenig frisches Gemüse und Obst aus der Region gibt, sowie zur Vorratshaltung für Erzeugnisse aus dem eigenen Garten bietet sich Tiefkühlen an.
- Wollen Sie den Rest eines Gerichts aufbewahren, lassen Sie es erst abkühlen, bevor Sie es in den Kühlschrank oder ein Gefriergerät stellen.
- Dicke Eisschichten erhöhen den Stromverbrauch stark. Daher sollten Sie Ihre Kühlgeräte regelmäßig abtauen.
- Auftauen von Gefriergut erfolgt am besten im Kühlschrank, der dann nicht so schnell wieder anspringt und somit weniger Energie verbraucht.

Beim Geschirrspülen[43]

- In der Regel verbraucht die Geschirrspülmaschine weniger Wasser und Energie, als würden Sie die gleiche Geschirrmenge per Hand in mehreren benötigten Spülgängen abwaschen.
- Nutzen Sie Sparprogramme und schalten Sie die Maschine gleich aus, wenn das Programm beendet ist.
- Vermeiden Sie unnötiges Vorspülen des Geschirrs.
- Dosieren Sie Reinigungsmittel sparsam und stellen Sie die Geschirrspülmaschine erst an, wenn sie voll ist.

Energieeffiziente Haushaltsgeräte: Elektro-Großgeräte wie Kühlschränke, Geschirrspüler und Waschmaschinen können wahre Energiefresser sein. Wenig Strom verbrauchende Geräte erkennen wir am sog. EU-Energieeffizienzlabel: von A++ für besonders effizient bis G für besonders wenig effizient. So wird beispielsweise eine Waschmaschine oder Spülmaschine, die relativ wenig Energie verbraucht, mit der besten Energieeffizienzklasse A ausgezeichnet. Bei Kühl- und Gefriergeräten bezeichnet die Klasse A++ die besten Geräte. Auch wenn diese teilweise in der Anschaffung teurer sind, zahlt sich dies über ihre Lebensdauer aus.

In der Küche sammeln sich mit der Zeit viele elektrische Kleingeräte an. Im Durchschnitt befinden sich in jedem deutschen Haushalt zwischen zehn und 15 solcher Geräte: Elektromesser, Dosenöffner, Ice-Crusher, Pfeffermühlen, Warmhalteplatten, Toaster oder Entsafter. Doch brauchen wir wirklich all die kleinen Elektro-Helfer? Und wenn ja, wie oft? Vielleicht täte uns manchmal Handarbeit und damit etwas mehr Bewegung sogar gut?

Einkaufsfahrten: lieber zu Fuß oder per Rad

Für unsere Fahrten zum Lebensmitteleinkauf sind gerade Autos die am meisten umweltbelastenden Verkehrsmittel. Dabei ist die Hälfte aller Autofahrten kürzer als sechs Kilometer – und rund ein Viertel sogar kürzer als zwei Kilometer. Doch gerade auf diesen Strecken ist das Auto eine sehr ungünstige Wahl, da ein kalter Motor allein auf den ersten drei Kilometern durchschnittlich rund einen Liter Sprit verbraucht.[44] Durch regelmäßiges Einkaufen mit dem Auto können wir z. B. alle unsere Bemühungen zunichtemachen, die wir für eine klimafreundliche Ernährung bereits mittels weniger tierischer Produkte, Öko-Lebensmittel sowie regionaler und saisonaler Erzeugnisse erreicht haben.

Wenn Sie zu Fuß gehen oder auf Fahrrad, öffentliche Verkehrsmittel oder Fahrgemeinschaften umsteigen, schonen Sie das Klima – und auch Ihren Geldbeutel. Auf Strecken bis 500 Meter haben Sie zu Fuß ohnehin die Nase vorn und sind schneller am Ziel als Autofahrer[44] (Zeit für Gehen zum und vom Auto, Türöffnen und -schließen,

Ein- und Aussteigen, Parkplatzsuche, Einparken usw. mitgerechnet).

Darüber hinaus bietet Zufußgehen oder Radfahren gesunde Bewegung in frischer Luft. Radfahren macht munter: Radeln wir zur Arbeit, kommen wir wacher an und sind leistungsfähiger. Außerdem können wir das Risiko für Übergewicht, Herz-Kreislauf-Erkrankungen und Diabetes (Typ 2) vermindern.

TIPP

Kaufhilfe nach Umweltkriterien

Auf der Internetseite www.ecotopten.de finden Sie neben ausgewählten Haushaltsgeräten auch Autos, Öko-Strom, Geldanlagen usw. – bewertet nach Umweltkriterien. Hinter EcoTopTen stehen das Freiburger Öko-Institut und das Frankfurter Institut für sozial-ökologische Forschung. In regelmäßigen Abständen empfehlen die Wissenschaftler Produktinnovationen, die ein gutes Preis-Leistungs-Verhältnis haben und aus Umweltsicht Spitzenprodukte sind. Dabei fließt auch die Lebensdauer mit ein, sodass nicht nur der Anschaffungspreis zählt, sondern auch die jährlichen Gesamtkosten.

Verwendete Literatur

1 Koerber Kv, Kretschmer J: Ernährung nach den vier Dimensionen. Ernährung und Medizin 21 (4), 178–185 (downloadbar: www.bfeoe.de), 2006

2 Koerber Kv, Männle T, Leitzmann C: Vollwert-Ernährung – Konzeption einer zeitgemäßen und nachhaltigen Ernährung. Haug, Stuttgart, 2012

3 Food and Agriculture Organization (FAO): Cereals. www.fao.org/docrep/011/ai482e/ai482e02.htm (Download 27. 4. 2011), 2009

4 Bundesministerium für Ernährung, Landwirtschaft und Verbraucherschutz (BMELV), www.bmelv-statistik.de/de/statistisches-jahrbuch/kap-d-ernaehrungsw (Download 10.4.2011), 2010

5 Bradford E, Baldwin RL, Blackburn H, Cassman KG, Crosson PR, Delgado CL, Fadel JG, Fitzhugh HA, Gill M, Oltjen JW, Rosegrant MW, Vavra M, Wilson RO: Animal Agriculture and Global Food Supply. Task Force Report No. 135. Council for Agricultural Science and Technology, Ames, Iowa, USA (Ausarbeitung von Maike Nestle 2011), 1999

6 UNICEF: Levels and Trends in Child Mortality – Report 2011. www.unicef.org/media/files/Child_Mortality_Report_2011_Final.pdf (Download 12. 12. 2011), 2011

7 Max Rubner-Institut, Bundesforschungsinstitut für Ernährung und Lebensmittel: Nationale Verzehrsstudie II. Ergebnisbericht, Teil 2. Karlsruhe, 2008

8 Umweltbundesamt (UBA): Die CO_2-Bilanz des Bürgers. www.umweltdaten.de/publikationen/fpdf-l/3327.pdf (Download 29. 4. 2011), 2007

9 Bundesministerium für Wirtschaftliche Zusammenarbeit und Entwicklung (BMZ): Aktionsprogramm »Klima und Entwicklung«. www.bmz.de/de/zentrales_downloadarchiv/Presse/Aktionsprogramm_Klima_Entwicklung_070522.pdf (Download 29. 4. 2011), 2007

10 Koerber Kv, Kretschmer J: Ernährung und Klima – Nachhaltiger Konsum ist ein Beitrag zum Klimaschutz. In: AgrarBündnis (Hrsg.): Der kritische Agrarbericht. 280–285, www.kritischer-agrarbericht.de (Download 29.4.2011), 2009

11 Enquête-Kommission »Schutz der Erdatmosphäre« des Deutschen Bundestages (Hrsg.): Landwirtschaft und Ernährung – Quantitative Analysen und Fallstudien und ihre klimatische Relevanz. In: Landwirtschaft, Band 1/II, Economica, Bonn, S. 42, 1994

12 Idel A: Die Kuh ist kein Klima-Killer! Wie die Agrarindustrie die Erde verwüstet und was wir dagegen tun können. Metropolis, Marburg (als Grundlage verwendet), 2010

13 Vereinigung Deutscher Gewässerschutz e.V.: Produktgalerie: Virtueller Wassergehalt ausgewählter Produkte. www.virtuelles-wasser.de/produktgalerie.html (Download 29.4.2011), 2009

14 Peters CJ, Wilkins JL, Fick GW: Testing a complete-diet model for estimating the land resource requirements of food consumption and agricultural carrying capacity – The New York State example. Renewable Agriculture and Food Systems 22 (2), 145–153, 2007

15 Food and Agriculture Organization, Statistics Division (FAOSTAT): Data Archives. www.faostat.fao.org (Download 21.3.2008), 2008

16 Food and Agriculture Organization Statistics Division (FAOSTAT): Data Archives-ResourcesSTAT-Land. www.faostat.fao.org (Download 29.4.2011), 2010

17 Food and Agriculture Organization (FAO): Are grasslands under threat? www.fao.org/ag/agp/agpc/doc/grass_stats/grass-stats.htm (Download 27. 4. 2011) 2008

18 Leitzmann C, Keller M: Vegetarische Ernährung. Eugen Ulmer, Stuttgart (als Grundlage verwendet), 2010

19 Forschungsinstitut für biologischen Landbau (FiBL): Bio fördert Bodenfruchtbarkeit und Artenvielfalt. Erkenntnisse aus 21 Jahren DOK-Versuch. FiBL-Dossier Nr. 1, Frick, Schweiz, 2000

20 Hülsbergen KJ, Küstermann B: Optimierung der Kohlenstoffkreisläufe in Öko-Betrieben. Ökologie und Landbau 36 (1), 20–22, 2008

21 Wechselberger P: Ökonomische und ökologische Beurteilung unterschiedlicher landwirtschaftlicher Bewirtschaftungsmaßnahmen und -systeme anhand ausgewählter Kriterien. Dissertation. FAM-Bericht 43, Shaker, Aachen, 2000

22 Bockisch FJ (Hrsg.): Bewertung von Verfahren der ökologischen und konventionellen landwirtschaftlichen Produktion im Hinblick auf den Energieeinsatz und bestimmte Schadgasemissionen. Bundesforschungsanstalt für Landwirtschaft, Braunschweig, 2000

23 Hörtenhuber S, Zollitsch W: Treibhausgase von der Weide. Welche Vorteile bringt die Öko-Rinderhaltung? Ökologie und Landbau 36 (1), 23–25, 2008

24 Montgomery DR: »Dreck«. Warum unsere Zivilisation den Boden unter den Füßen verliert. oekom, München, 2010
25 Forschungsinstitut für biologischen Landbau (FiBL): Biolandbau und Biodiversität. www.fibl.org/de/themen/biodiversitaet.html (Download 29.4.2011), 2009
26 Forschungsinstitut für biologischen Landbau (FiBL): Qualität und Sicherheit von Bioprodukten. FiBL-Dossier Nr. 4, Frick, Schweiz, 2006
27 Lutzenberger J, Gottwald FT: Ernährung in der Wissensgesellschaft – Vision: Informiert essen. Campus, Frankfurt/M, 1999
28 Lauber I, Hoffmann I: Gütertransporte im Zusammenhang mit dem Lebensmittelkonsum in Deutschland. Teil II: Umweltwirkungen anhand ausgewählter Indikatoren. Zschr. Ernährungsökologie 2 (3), 187–193, 2001
29 Keller M: Flugimporte von Lebensmitteln und Blumen nach Deutschland. Eine Untersuchung im Auftrag der Verbraucherzentrale. Verbraucherzentrale Hessen, Frankfurt/M, www.verbraucher.de/download/flugimporte_lm_blumen.pdf (Download 17.3.2011), 2010
30 Jungbluth N: Umweltfolgen des Nahrungsmittelkonsums – Beurteilung von Produktmerkmalen auf Grundlage einer modularen Ökobilanz (elektronischer Anhang). Verlag dissertation.de, Berlin, 2000
31 Elmadfa I, Aign W, Muskat E, Fritzsche D: Die große GU Nährwert-Kalorien-Tabelle. Gräfe und Unzer, München, 2009
32 Hoffmann I: Ernährungsempfehlungen und Ernährungsweisen – Auswirkungen auf Gesundheit, Umwelt und Gesellschaft. Habilitationsschrift, Fachbereich Agrarwissenschaften, Ökotrophologie und Umweltmanagement der Universität Gießen, 2002
33 Öko-Institut e. V.: Datenbank GEMIS – Globales Emissions-Modell integrierter Systeme, Version 4.5. www.gemis.de (Download 27.10.2009), 2009
34 Männle T, Koerber Kv, Leitzmann C, Hoffmann I, Hollen Av, Franz W: Orientierungstabelle für die Vollwert-Ernährung – Empfehlungen für die Lebensmittelauswahl gesunder Erwachsender. Verbraucher-Zentrale NRW und Verband für Unabhängige Gesundheitsberatung – Deutschland (Hrsg.), UGB-Beratungs- und Verlags-GmbH, Gießen, 2000
35 Statistisches Bundesamt: Einnahmen und Ausgaben privater Haushalte – Jahresergebnisse der Einkommens- und Verbrauchsstichprobe 2003. Wiesbaden, 2006
36 International Labour Organization (ILO): About child labour. www.ilo.org, 2009
37 Bayerische Landesanstalt für Landwirtschaft – Institut für Ernährung und Markt: aktuell – Monatsstatistiken. www.lfl.bayern.de/iem/milchwirtschaft/06935/index.php (Download 29. 4. 2011), 2011
38 TransFair: Über TransFair. Kaffee – Wissenswertes. Und: Daten der International Coffee Organisation. www.transfair.org (Download 17.10. 2009), 2009
39 Umweltbundesamt (UBA): Plastiktüten verbieten? www.umweltdaten.de/publikationen/fpdf-l/3522.pdf (Download 29. 4. 2011), 2008
40 Schneider F: Lebensmittel im Abfall – mehr als eine technische Herausforderung. Online-Fachzeitschrift für Land- und Forstwirtschaft, Umwelt und Wasserwirtschaft. 1–15. www.laendlicher-raum.at/article/articleview/79286/1/10402 (Download 27.4.2011), 2008
41 Umweltbundesamt (UBA): Entwicklung der spezifischen Kohlendioxid-Emissionen des deutschen Strommix 1990–2008 und erste Schätzung 2009
42 Öko-Institut: Fragen und Antworten zum Kochen und Backen. www.ecotopten.de/prod_kochen_faq.php (Download 2.3.2011), 2009
43 Stadtwerke München: Energietipps. www.swm.de/dms/swm/dokumente/kundenservice/energieberatung/energiespar-tipps.pdf (Download 2.3.2011), 2006
44 Verkehrsclub Deutschland (VCD) – (3 Downloads 29. 4. 2011):
CO_2-Einsparpotentiale. www.vcd.org/einsparpotenziale.html, 2010;
Mobil mit dem Auto. www.vcd.org/1064.html, 2010;
Mobil zu Fuß und mit dem Rad. www.vcd.org/1068.html, 2011
45 Deutsche Gesellschaft für Ernährung (DGE): Die zehn Regeln der DGE. www.ernaehrung.de/tipps/vollwertig/vollwert11.php (Download 29. 4. 2011), 2010
46 Kroke A, Knorpp L: Salzreduktion als bevölkerungsbezogene Präventionsmaßnahme. Ernährungsumschau 57 (6), 2010

Weiterführende Literatur

Belz FM, Karg G, Witt D: Nachhaltiger Konsum und Verbraucherpolitik im 21. Jahrhundert. Metropolis, Marburg, 2009

Bund für Umwelt und Naturschutz et al.: Zukunftsfähiges Deutschland in einer globalisierten Welt. Fischer, Frankfurt/M, 2009

Gottwald FT: Esst anders! Vom Ende der Skandale. Über inspirierte Bauern, innovative Handwerker und informierte Genießer. Metropolis, Marburg, 2011

Hahlbrock K: Kann unsere Erde die Menschen noch ernähren? Bevölkerungsexplosion – Umwelt – Gentechnik. Fischer Taschenbuch, Frankfurt/M, 2007

Hoffmann I, Schneider K, Leitzmann C: Ernährungsökologie – Komplexen Herausforderungen integrativ begegnen. oekom, München, 2011

Idel A: Die Kuh ist kein Klima-Killer! Wie die Agrarindustrie die Erde verwüstet und was wir dagegen tun können. Metropolis, Marburg, 2010

Jakubowicz D: Genuss und Nachhaltigkeit. Promedia, Wien, 2003

Jugend im Bund für Umwelt und Naturschutz Deutschland e. V.: Das Klima-Kochbuch: Klimafreundlich einkaufen, kochen und genießen. Franckh-Kosmos, Stuttgart, www.das-klimakochbuch.de, 2009

Koerber Kv, Männle T, Leitzmann C: Vollwert-Ernährung – Konzeption einer zeitgemäßen und nachhaltigen Ernährung. Haug, Stuttgart, 2012

Leitzmann C, Keller M, Hahn A: Alternative Ernährungsformen. Hippokrates, Stuttgart, 2005

Leitzmann C, Keller M: Vegetarische Ernährung. Eugen Ulmer, Stuttgart, 2010

Montgomery DR: »Dreck«. Warum unsere Zivilisation den Boden unter den Füßen verliert. oekom, München, 2010

Rat für Nachhaltige Entwicklung: Der Nachhaltige Warenkorb. Berlin, www.nachhaltigkeitsrat.de, 2010

Rust H: Vorrat halten: Einkaufen, Kühlen, Gefrieren, Einmachen, Lagern, Trocknen und Dörren, Einsalzen, Pökeln, Räuchern, Alkoholische Gärung, Milchsäuregärung. Knürr, München, 2011

Steffen A: WorldChanging – Das Handbuch für eine bessere Zukunft. Knesebeck, München, 2008

Watzl B, Leitzmann C: Bioaktive Substanzen in Lebensmitteln. Hippokrates, Stuttgart, 1999

Wilhelmi de Toledo F, Hohler H: Buchinger Heilfasten. Die Original-Methode. TRIAS, Stuttgart, 2010

Weiterführende Links

www.was-wir-essen.de (Informationsseite zu Lebensmitteln des aid infodienst)

www.verbraucherzentrale.de (Informationen der Verbraucherzentralen)

www.nachhaltig-einkaufen.de (Informationsseite der Verbraucherinitiative)

www.label-online.de (Unabhängige Bewertung von Labels)

www.ugb.de (Verband für Unabhängige Gesundheitsberatung)

www.nachhaltigkeitsrat.de (Rat für Nachhaltige Entwicklung)

www.verbraucher-fuers-klima.de; www.bmu.de/klimaschutzinitiative (Umweltministerium)

www.uba.de; www.klimaschuetzen.de (Umweltbundesamt)

www.bund.de; www.greenpeace.de; www.germanwatch.de; www.wwf.de (Umweltorganisationen)

www.forum-fairer-handel.de; www.fairerhandel.de (Informationen zum Fairen Handel)

www.tdh.de (Terre des Hommes – Informationen zu Kinderarbeit)

www.oeko-fair.de (Informationen zu fair gehandelten Öko-Lebensmitteln)

www.oekolandbau.de (Informationsportal Öko-Landbau)

www.bne-portal.de (UNESCO)

www.bene-muenchen.de (Bildung für eine nachhaltige Entwicklung)

www.wzw.tum.de/ne (Technische Universität München, Arbeitsgruppe Nachhaltige Ernährung)

www.bfeoe.de (Beratungsbüro für ErnährungsÖkologie)

Rezeptregister nach Zutaten

Rezeptregister nach Saison

Herbst

Winter

Vegetarische Hauptgerichte

Gerichte mit Fleisch und Fisch

Nachtische und Kuchen

Stichwortverzeichnis

Bibliografische Information der Deutschen Nationalbibliothek
Die Deutsche Nationalbibliothek verzeichnet diese Publikation in der Deutschen Nationalbibliografie; detaillierte bibliografische Daten sind im Internet über http://dnb.d-nb.de abrufbar.

Programmplanung: Uta Spieldiener
Redaktion: Anja Fleischhauer
Bildredaktion: Christoph Frick

Umschlaggestaltung und Innenlayout:
Cyclus · Visuelle Kommunikation, Stuttgart

Bildnachweis:
Umschlagfoto vorn: Stockfood
Fotos im Innenteil: Meike Bergmann, Berlin
Food-Stylistin: Christiane Wenzel

1. Auflage

Printed in Germany

Repro: Ziegler und Müller, Kirchentellinsfurt
Satz: Ziegler und Müller, Kirchentellinsfurt
gesetzt in: APP/3B2, Version 9.1 Unicode
Druck: AZ Druck und Datentechnik GmbH, Kempten

Gedruckt auf chlorfrei gebleichtem Papier

ISBN 978-3-8304-6053-4
Auch erhältlich als E-Book:
eISBN (PDF) 978-3-8304-6054-1
eISBN (ePUB) 978-3-8304-6551-5

1 2 3 4 5 6

Wichtiger Hinweis: Wie jede Wissenschaft ist die Medizin ständigen Entwicklungen unterworfen. Forschung und klinische Erfahrung erweitern unsere Erkenntnisse, insbesondere was Behandlung und medikamentöse Therapie anbelangt. Soweit in diesem Werk eine Dosierung oder eine Applikation erwähnt wird, darf der Leser zwar darauf vertrauen, dass Autoren, Herausgeber und Verlag große Sorgfalt darauf verwandt haben, dass diese Angabe dem **Wissensstand bei Fertigstellung des Werkes** entspricht. Die Ratschläge und Empfehlungen dieses Buches wurden von Autor und Verlag nach bestem Wissen und Gewissen erarbeitet und sorgfältig geprüft. Dennoch kann eine Garantie nicht übernommen werden. Eine Haftung des Autors, des Verlages oder seiner Beauftragten für Personen-, Sach- oder Vermögensschäden ist ausgeschlossen.

Geschützte Warennamen (Warenzeichen) werden **nicht** besonders kenntlich gemacht. Aus dem Fehlen eines solchen Hinweises kann also nicht geschlossen werden, dass es sich um einen freien Warennamen handelt.

SERVICE

Liebe Leserin, lieber Leser,

hat Ihnen dieses Buch weitergeholfen? Für Anregungen, Kritik, aber auch für Lob sind wir offen.
So können wir in Zukunft noch besser auf Ihre Wünsche eingehen. Schreiben Sie uns, denn Ihre Meinung zählt!

Ihr TRIAS Verlag
E-Mail Leserservice: heike.schmid@medizinverlage.de
Lektorat TRIAS Verlag, Postfach 30 05 04, 70445 Stuttgart, Fax: 0711 89 31-748

Saisonkalender heimisches Obst

	Jan	Feb.	März	April	Mai	Juni	Juli	Aug.	Sept.	Okt.	Nov.	Dez.
Äpfel	Lagerware	Lagerware	Lagerware	Lagerware	Lagerware			Freiland	Freiland	Freiland	Lagerware	Lagerware
Aprikosen							Freiland	Freiland				
Birnen	Lagerware							Freiland	Freiland	Lagerware	Lagerware	Lagerware
Brombeeren								Freiland	Freiland	Freiland		
Erdbeeren					Geschützter Anbau	Freiland	Freiland	Freiland	Freiland	Geschützter Anbau		
Heidelbeeren							Freiland	Freiland				
Himbeeren						Geschützter Anbau	Freiland	Freiland				
Johannisbeeren						Freiland	Freiland	Freiland				
Kirschen, sauer							Freiland	Freiland				
Kirschen, süß						Geschützter Anbau / Freiland	Freiland	Freiland				
Mirabellen							Freiland	Freiland				
Pfirsiche							Freiland	Freiland				
Pflaumen								Freiland	Freiland			
Quitten										Freiland	Freiland	
Stachelbeeren							Freiland	Freiland	Freiland			
Tafeltrauben								Freiland	Freiland	Freiland		
	Jan	Feb.	März	April	Mai	Juni	Juli	Aug.	Sept.	Okt.	Nov.	Dez.

Sehr geringe Klimabelastung:

Freilandprodukte

Geringe bis mittlere Klimabelastung:

„Geschützter Anbau" (Abdeckung mit Folie oder Vlies, ungeheizt)

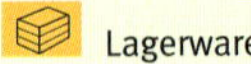

Lagerware

Saisonkalender heimisches Gemüse

	Jan.	Feb.	März	April	Mai	Juni	Juli	Aug.	Sep.	Okt.	Nov.	Dez.
Blumenkohl				Geschützter Anbau	Freiland	Freiland	Freiland	Freiland	Freiland	Freiland	Freiland	
Bohnen							Freiland	Freiland	Freiland	Freiland		
Brokkoli					Freiland	Freiland	Freiland	Freiland	Freiland	Freiland	Freiland	
Chicorée	Lager	Lager	Lager	Lager	Lager	Lager	Lager	Lager	Lager	Lager	Lager	Lager
Chinakohl	Lager	Lager	Lager	Lager	Geschützter Anbau	Freiland	Freiland	Freiland	Freiland	Freiland	Freiland	Lager
Grünkohl	Freiland	Lager								Freiland	Freiland	Freiland
Gurken: Salat-, Minigurken		Gewächshaus (rot)	Gewächshaus (rot)	Gewächshaus (rot)/Gewächshaus	Gewächshaus (rot)/Gewächshaus	Gewächshaus (rot)/Gewächshaus	Gewächshaus (rot)/Gewächshaus	Gewächshaus (rot)/Gewächshaus	Gewächshaus (rot)/Gewächshaus	Gewächshaus (rot)/Gewächshaus		
Gurken: Einlege-, Schälgurken						Freiland	Freiland	Freiland	Freiland			
Erbsen						Freiland	Freiland	Freiland	Freiland	Freiland		
Kartoffeln	Lager	Lager	Lager	Lager	Lager	Lager/Freiland	Lager/Freiland	Lager/Freiland	Lager/Freiland	Lager/Freiland	Lager/Freiland	Lager
Knollenfenchel						Freiland	Freiland	Freiland	Freiland	Freiland	Freiland	
Kohlrabi					Geschützter Anbau/Freiland	Freiland	Freiland	Freiland	Freiland	Freiland	Gewächshaus	
Kürbis	Lager	Lager	Lager						Freiland	Freiland	Freiland	Lager
Möhren	Lager	Lager	Lager	Lager	Lager	Lager/Freiland	Freiland	Freiland	Freiland	Freiland	Freiland	Lager
Pastinaken	Lager	Lager	Lager	Lager					Freiland	Freiland	Freiland	Lager
Porree	Lager/Freiland	Lager/Freiland	Lager/Freiland	Freiland	Freiland	Freiland	Freiland	Freiland	Freiland	Freiland	Freiland	Freiland
Radieschen				Geschützter Anbau	Freiland	Freiland	Freiland	Freiland	Freiland	Freiland	Freiland	
Rettich	Lager	Lager	Lager	Lager	Lager/Freiland	Freiland	Freiland	Freiland	Freiland	Freiland	Freiland	Lager
Rhabarber			Geschützter Anbau	Freiland	Freiland	Freiland	Freiland					
Rosenkohl	Freiland/Lager	Freiland/Lager	Lager							Freiland	Freiland	Freiland
Rote Bete	Lager	Lager	Lager	Lager	Lager	Freiland	Freiland	Freiland	Freiland	Freiland	Freiland	Lager
Rotkohl	Lager	Lager	Lager	Lager	Lager	Lager/Geschützter Anbau	Freiland	Freiland	Freiland	Freiland	Freiland	Lager
Schwarzwurzel	Lager	Lager	Lager						Freiland	Freiland	Freiland	Lager
	Jan.	Feb.	März	April	Mai	Juni	Juli	Aug.	Sep.	Okt.	Nov.	Dez.

Sehr geringe Klimabelastung:

Freilandprodukte

Geringe bis mittlere Klimabelastung:

„Geschützter Anbau“ (Abdeckung mit Folie oder Vlies, ungeheizt)

Lagerware

Produkte aus ungeheizten oder schwach geheizten Gewächshäusern

Wann gibt es was?

	Jan.	Feb.	März	April	Mai	Juni	Juli	Aug.	Sep.	Okt.	Nov.	Dez.
Sellerie: Knollensellerie												
Sellerie: Stangensellerie												
Spargel												
Spinat												
Spitzkohl												
Steckrüben (Kohlrüben)												
Tomaten: geschützter Anbau												
Tomaten: Gewächshaus												
Weißkohl												
Wirsingkohl												
Zucchini												
Zuckermais												
Zwiebeln												
Zwiebeln: Bund-, Lauch-, Frühlings-												
Salate												
Eissalat												
Endiviensalat												
Feldsalat												
Kopfsalat, Bunte Salate												
Radiccio												
Romanasalate												
Rucola (Rauke)												
	Jan.	Feb.	März	April	Mai	Juni	Juli	Aug.	Sep.	Okt.	Nov.	Dez.

Hohe Klimabelastung:

Produkte aus geheizten Gewächshäusern

verbraucherzentrale

Quelle: Verbraucherzentralen NRW, Bayern, Hessen, Niedersachsen, Saarland und Schleswig-Holstein. September 2010